대한
민국
희망
찾기

고장난 대한민국,
개혁 없인 미래 없다

대한민국
희망찾기

한국경제신문
편집국 지음

우리의
밝은 미래를
꿈꿔도
될까요

한국경제신문

들어가는 말

／　신문사는 아침저녁으로 '편집회의'라는 걸 합니다. 어떤 뉴스를 어느 면에 어느 정도의 비중으로 다룰지를 논의하고 결정하는 자리입니다. 회의를 주재하면서 각 부서 데스크들에게 요즘 들어 부쩍 이런 질문을 자주 던집니다. "어디 좀 더 밝은 뉴스는 없나요?" 현장의 기자들이 취재해 보고한 뉴스들이 대부분 어두운 내용이기 때문입니다.

지난 두세 달간 한국경제신문 1면에 다뤄진 주요 기사들의 제목을 한번 볼까요? 〈무너지는 수출…날아가는 일자리〉 〈中·日 대공세…수출산업 진짜 위기 온다〉 〈기업 신용등급 강등, 換亂 이후 최대〉 〈韓銀, 올 성장 전망 2%대로 낮췄다〉 〈구조개혁 속도 내는 영국·일본… '合意의 덫'에 걸린 한국〉 등등. 우리 경제 곳곳에 경고등이 켜졌다는 뉴스 일색입니다.

각계 오피니언 리더들의 걱정은 더 심각했습니다. "지금의 저성장은 금리인하나 재정확대 등 단기 처방으로 해결할 수 있는 문제가 아니다."(한국은행 금융통화위원) "지금 같은 제도와 시스템, 국민의식으론 1인당 국민소득 2만달러대에서 주저앉을 수밖에

없다."(경제부처 장관) "이대로 가면 대한민국의 밝은 미래를 결코 꿈꿀 수 없다."(대기업 최고경영자)

　한국경제신문은 이런 '대한민국호의 위기 상황'을 우리 사회에 본격 제기하기 위해 창간 51주년 기념으로 2015년 10월 5일자 신문을 '대한민국 미래리포트'란 제목의 특별판으로 제작했습니다. 특별판 제목을 '대한민국 미래리포트'로 정한 것은 한국의 밝은 미래를 위해 지금 우리의 문제를 짚어보고, 개선방안을 찾아보자는 의미에서입니다.

　우리 사회에 경종을 울리자는 취지인 만큼 이날만큼은 뉴스 보도를 뒤로 미룬 채 신문의 메인 섹션 32면을 모두 기획 기사로만 채우는 파격적 편집을 결정했습니다. 국내 언론사상 유례없는 시도였습니다. 이를 위해 한국리서치, 한국개발연구원^{KDI}과 공동으로 일반국민 5000명과 대학교수, 연구원, 대·중소기업 임원 등 경제전문가 400명을 대상으로 대대적인 설문조사를 벌였습니다. 또 각계 원로와 전문가들에 대한 심층 인터뷰도 진행했습니다.

설문조사 결과와 전문가 인터뷰를 바탕으로 한국경제신문은 대한민국의 미래를 위해 시급히 개혁해야 할 분야와 주제로 △거꾸로 가는 국회와 정부 △식어가는 성장엔진 △청년 울리는 노조 △북핵보다 무서운 저출산 △창의인재 못 키우는 교육 △남 탓만 하는 대한민국 등을 뽑았습니다. 각 분야와 주제마다 현재의 상황과 위기 징후, 문제점, 대안 등을 현장 취재 내용으로 빼곡히 담았습니다.

'대한민국 미래리포트'는 발행되자마자 일반 독자들은 물론 우리 사회 오피니언 리더들의 커다란 반향을 불러일으켰습니다. "대한민국 현실을 가장 적나라하게 파헤치고, 압축적으로 정리한 기사들을 소장한 채 두고두고 읽고 싶다"는 요청이 줄을 이었습니다. 한국경제신문은 독자 여러분의 뜨거운 요청에 부응해 '대한민국 미래리포트' 특별판을 책으로 펴냅니다. 이 책엔 기본적으로 신문에 실었던 기사 내용을 모두 담았고, 한덕수 전 국무총리, 윤종용 전 삼성전자 부회장, 윤증현 전 기획재정부 장관, 백용호 전 청와대 정책실장, 김도연 포스텍 총장 등 각계 원로급 전문가들의 인터뷰를 추가했습니다.

'예고된 위기는 위기가 아니다' 는 말이 있습니다. 한국경제신문이 이번 특별기획을 준비한 의도에도 이런 뜻이 담겨 있습니다. 위기를 예고해 닥쳐올 위기를 극복하자는 취지입니다. '한강의 기적' 을 일군 대한민국은 충분히 그럴 역량이 있다고 생각합니다. 아무 나라, 아무 강에서나 기적이 일어나는 것은 아닙니다. 이 책이 대한민국의 밝은 미래를 여는 작은 등불이라도 되기를 간절히 바랍니다.

기획기사를 준비하느라 고생한 편집국 후배들과 촉박한 일정에도 멋진 디자인의 책을 만들어주신 한경BP 식구들에게 우선 고맙다는 인사를 전합니다. 기획기사를 준비하는 내내 조언을 아끼지 않으셨던 각계각층의 오피니언 리더들, 그리고 무엇보다 한경을 아끼고 성원해주시는 독자 여러분께 이 자리를 빌려 감사하다는 말씀을 드립니다.

2015년 11월

한국경제신문 편집국장　이 학 영

**대한
민국
희망
찾기**

PART 1

이대론 대한민국 미래 없다

PART 2

기로에 선 대한민국

PART 3

거꾸로 가는 국회와 정부

PART 4

식어가는 성장엔진

PART 5

청년 울리는 노조

PART 6

북핵보다 무서운 저출산

PART 7

창의인재 못 키우는 교육

PART 8
남 탓만 하는 대한민국

PART 9
한경 객원大기자 대담

PART 10
전문가에게 듣는다

이대론
대한민국
미래 없다

대한민국에 미래 있는가
희망을 버릴 필요는 없다
그러나 이대로라면 절망이다

／　한국경제신문이 창간 51주년(2015년 10월 12일)을 앞두고 일반 국민 5000명을 대상으로 한국의 '희망 농도'를 측정했다. 결과는 부정적이었다. 10명 중 8명 이상이 '앞으로 더 나은 삶을 기대하기 힘들다'고 답했다.

　한국이라는 '개천'에서는 이제 '용'이 나오긴 어렵다는 우울한 인식이다. 교수, 연구원, 대기업·중소기업 임원 등 전문가 400명의 의견도 비슷했다. 현재 한국의 경제 상황을 긍정적으로 평가한 비율은 1.0%에 불과했다.

계층 상승 가능성에 회의적

일반인 설문조사 대상자들에게 '서민이 중산층으로 올라가거나, 중산층이 고소득층으로 올라가는 기회가 많아질 것이다'는 명제에 동의하는지를 물었다. '별로 그렇지 않다'는 대답이 51.3%로 가장 많았다. '전혀 그렇지 않다'는 의견도 33.3%에 달했다. 전체의 84.6%가 '계층 상승' 가능성에 회의적인 반응을 나타냈다. 긍정적인 답변은 13.8%에 그쳤다. '사업에서 실패하더라도 다시 일어설 수 있는 기회가 주어질 것이다'는 항목도 결과는 비슷했다. 설문 대상자의 64.3%가 '별로 그렇지 않다'(43.6%) 또는 '전혀 그렇지 않다'(20.7%)고 응답했다. '패자부활'이 힘들다고 보는 사람들이 많다는 뜻이다. '앞으로 일자리 문제가 해소될 것으로 보느냐'는 질문에도 74.9%의 응답자가 고개를 저었다. 고용 상황이 개선될 것이라는 의견은 22.7%에 불과했다.

그늘진 '2015년 대한민국'

한국의 경제 상황에 대한 전문가들의 진단도 싸늘했다. '좋은 편이다'는 대답은 0.5%에 그쳤고 '매우 좋다'고 답한 전문가는 한 명도 없었다. 반면 '나쁜 편이다'(70.5%)와 '매우 나쁘다'(12.8%)를 합친 부정적인 대답은 83.3%에 달했다.

경제 상황이 악화된 원인은 나라 안팎에 똬리를 틀고 있었다. 청년실업과 가계부채가 문제라는 응답자가 41.4%로 가장 많았다. 신흥국 성장세 둔화와 환율 등 대외적 요인을 지목한 비율(39.3%)도 적지 않았다.

교수들은 대내 요인에서 문제를 찾는 경향(52.3%)이 높았고, 대기업 임원들은 대외 요인(52.6%)에 무게를 뒀다. 정영호 한국개발연구원KDI 여론분석팀장은 "직업 특징과 일선 현장의 관심사가 반영된 것"이라며 "한국 경제가 내우외환을 겪고 있다는 데 의견을 같이했다"고 말했다.

정부가 개혁을 추진 중인 공공·노동·교육·금융 등 '4대 부문'에 대한 평가는 지극히 부정적이었다. 특히 노동 부문에 대해서는 대부분 전문가가 고개를 가로저었다. '매우 나쁘다'(19.5%)와 '나쁜 편이다'(61.0%)의 비율이 80%를 넘었다. '좋다'고 응답한 비율은 1.0%에 머물렀다.

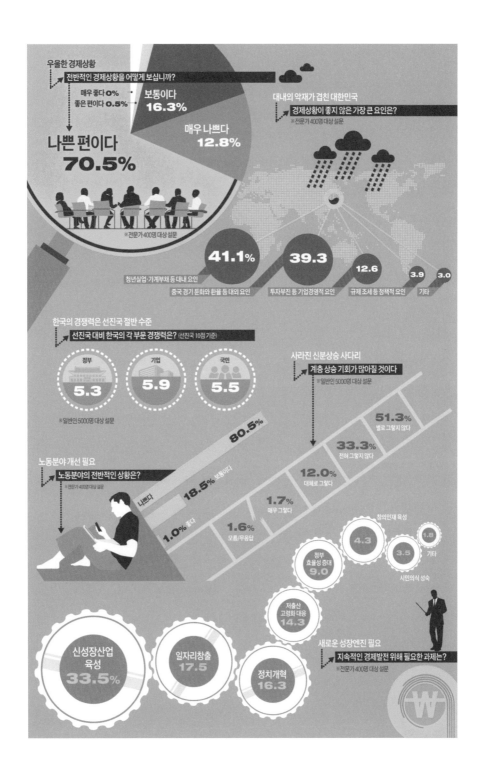

우울한 경제상황
전반적인 경제상황을 어떻게 보십니까?

매우 좋다 0%
좋은 편이다 0.5%
보통이다 16.3%
매우 나쁘다 12.8%

나쁜 편이다 70.5%

※전문가 400명 대상 설문

대내외 악재가 겹친 대한민국
경제상황이 좋지 않은 가장 큰 요인은?
※전문가 400명 대상 설문

41.1%
청년실업·가계부채 등 대내 요인

39.3
중국 경기 둔화와 환율 등 대외 요인
투자부진 등 기업경영적 요인

12.6
규제 조세등 정책적 요인

3.9
기타

3.0

한국의 경쟁력은 선진국 절반 수준
선진국 대비 한국의 각 부문 경쟁력은? (선진국 10점 기준)

정부 5.3
기업 5.9
국민 5.5

※일반인 5000명 대상 설문

사라진 신분상승 사다리
계층 상승 기회가 많아질 것이다
※일반인 5000명 대상 설문

51.3% 별로그렇지 않다
33.3% 전혀그렇지 않다
12.0% 대체로그렇다
1.7% 매우그렇다
1.6% 모름/무응답

노동분야 개선 필요
노동분야의 전반적인 상황은?
※전문가 400명 대상 설문

80.5% 나쁘다
18.5% 보통이다
1.0% 좋다

창의인재 육성 4.3
3.5
기타 1.8
시민의식 성숙

정부 효율성 증대 9.0

저출산 고령화 대응 14.3

새로운 성장엔진 필요
지속적인 경제발전 위해 필요한 과제는?
※전문가 400명 대상 설문

신성장산업 육성 33.5%
일자리창출 17.5
정치개혁 16.3

공공·교육·금융 부문도 사정은 비슷했다. 부정적 평가가 모두 절반 이상이었다. 교육 부문은 대기업의 평가(보통이다 46%)가 상대적으로 후했지만 전체적으로는 '매우 나쁘다'(15.3%)와 '나쁜 편이다'(40.3%)는 비율이 55.8%로 집계됐다.

공공 부문도 '나쁘다'고 응답한 비율이 교수(61.0%), 연구원(53.0%), 대기업 임원(56.0%), 중소기업 임원(49.0%) 등 모든 그룹에서 '좋다'는 비중을 훨씬 웃돌았다. 금융 부문만 '보통이다'(43.5%)와 '나쁘다'(43.8%)가 비슷한 비율로 나와 그나마 체면치레를 했다.

희망의 불씨는 살아 있다

질문을 '대한민국 미래 전반'으로 돌리면 답변의 색깔이 달라졌다. '10년 후 우리나라의 미래에 대해 전반적으로 어떻게 생각하느냐'는 물음에 전체 설문 응답자의 55.0%는 '긍정적'이라고 대답했다. 부정적으로 생각한다는 의견(40.9%)보다 10%포인트 이상 높았다. 한국 사회가 시행착오를 겪겠지만 앞으로 나아갈 것이라는 믿음은 버리지 않았다. 고연령층일수록 희망의 농도가 짙었다. 60대 이상에서는 긍정적이라는 비중이 76.0%에 달했다. 50대도 긍정적이라는 답변(60.7%)이 부정적이라는 의견(34.7%)보다 두 배 가까이 많았다.

전문가그룹도 크게 다르지 않았다. '10년 뒤 우리나라의 국제적 위상이 현재에 비해 어떻게 변할 것이라고 전망하느냐'는 물음에 전체의 49.5%가 '높아질 것'이라는 긍정적인 답변을 내놨다. '약간 낮아질 것'(18.0%) 또는 '매우 낮아질 것'(1.0%)이라는 부정적 의견을 훌쩍 뛰어넘었다.

전문가그룹 중에서는 대기업 임원들의 평가가 특히 후했다. '국제적 위상이 지금보다 높아질 것'이라는 응답이 52.0%로 집계됐다. '낮아질 것'이라고 본 사람들은 7.0%에 불과했다.

낙관적인 전망이 힘을 받으려면…

하지만 '낙관'의 토대는 허약했다. 질문에 '경제'라는 구체적인 단어 하나만 더 들어가도 답변은 금세 부정적으로 변했다. '10년 후 우리나라 경제가 어떨 거라고 생각하느냐'는 질문에 '좋아질 것'이라고 긍정적인 대답을 한 비율은 28.4%에 그쳤다. '나빠질 것'으로 보는 응답자는 이보다 많은 31.1%였다. 연령대별로는 2040세대(20~49세)와 5060세대(50~69세)가 '다른 나라에 사는 듯' 서로 다른 대답을 했다.

10년 후 경제 상황이 지금보다 악화될 것으로 보는 비중은 20대(36.5%)와 30대(39.4%), 40대(35.5%) 모두 '좋아질 것'(20대 19.2%, 30대 15.6%, 40대 20.6%)이라는 대답을 훌쩍 넘어섰다. 반면 60세 이상은 긍정적인 대답(49.6%)이 부정적인 의견(17.7%)을 두 배 이상 웃돌았다. 50대 역시 희망적인 답변(32.5%)이 우울한 전망(29.3%)보다 많았다. 한국의 미래가 밝을 것으로 예상 또는 기대하지만 구조적인 혁신 없이 지금 이대로 흘러가다간 좌초할지도 모른다는 불안감이다.

어떻게 하면 한국의 미래를 일으켜 세울 수 있을까. 처방은 다양했다. 그만큼 사회 전반에 쇄신이 필요하다는 진단이다.

'우리나라 경제의 지속적인 발전을 위해 최우선적으로 필요한 과제가 무엇인가'라는 질문에 전문가그룹은 '신성장산업 육성'(33.5%)을 첫손에 꼽았다. 산업 현장과 맞닿아 있는 대기업과 중소기업 임원들이 특히 새로운 성장엔진에 목말라했다. 신성장산업 육성이 필요하다고 대답한 비중은 각각 38.0%와 40.0%로 교수(29.0%)와 연구원(27.0%) 집단을 넘어섰다. 그다음으로는 일자리 창출(17.5%)이 꼽혔고 정치개혁(16.3%), 저출산·고령화 대응(14.3%), 정부 효율성 증대(9.0%) 등이 뒤를 이었다.

한국리서치 · KDI
공동 조사

한국경제신문은 한국리서치와 공동으로 2015년 9월 4일부터 10일까지 1주일간 전국 만 19세 이상 성인 남녀를 대상으로 설문조사를 했다. 설문 대상은 5000명(일부 세부 항목은 1000명)이다. 일반적인 전국 여론조사 표본 크기인 1000명의 다섯 배다.

1000명 조사의 표본 오차는 ±3.1%포인트다. 5000명으로 늘리면 이 오차가 절반 이하인 ±1.4%포인트(95% 신뢰수준)로 줄어든다. 설문조사 결과가 '실체적 진실'에 가까워진다. 1000명 조사에서는 연령별, 지역별 등으로 세분화하면 표본 수가 더 줄어 통계적 유의성을 갖기 어렵다. 하지만 5000명이면 다르다. 연령대별로 나눠도 각각의 조사 대상이 1000명 안팎이다. 조사 결과에 의미를 부여하기에 충분하다. 김춘석 한국리서치 여론조사본부 이사는 "전체뿐만 아니라 하위그룹별로도 조사의 정확성을 획기적으로 높인 것이 이번 조사의 가장 큰 특징"이라고 말했다.

이와 별개로 한국경제신문은 한국개발연구원과 공동으로 400명의 전문가그룹에 대한 이메일 설문을 병행했다. 경제 문제 등에 대한 심층적인 진단과 구체적인 대안을 구하기 위해서다. 전문가그룹은 대학의 경제·경영학과 교수와 경제 관련 연구소 연구원, 대기업 및 중소기업 임원 100명씩으로 구성했다. 조사 대상은 KDI가 공공 정책 수립에 활용하기 위해 운영하고 있는 전문가그룹 풀pool에서 뽑았다.

PART 2

기로에
선
대한민국

위기의 대한민국 대차대조표

／ 섣부른 비관도, 막연한 낙관도 어렵다. '㈜대한민국'의 대차대조표를 보면 모든 것이 경계선상에 있다. 왼쪽 차변借邊에 지난 수십년간 국민들이 한마음으로 일군 값진 자산들이 알토란처럼 쌓여 있지만 오른쪽 대변貸邊엔 침체와 부진의 그림자가 어른거리고 있다. 대차대조표는 한 기업의 재무상태를 보여주는 회계보고서다. 한국경제신문 특별취재팀이 전문가 자문을 받아 작성한 ㈜대한민국의 대차대조표 역시 우리 경제의 성장 탄력성과 지속 가능성을 점검하는 데 초점을 맞췄다.

우리 경제 자산 건전성 뛰어난 편이지만…

우리 경제의 자산 건전성은 뛰어난 편이다. 1년 이내 현금화가 가능한 유동자산은 계량화가 어려운 기업 재고자산을 빼더라도 2000조원이 훌쩍 넘는다. 기업 재고자산의 경우 삼성전자만 2015년 6월 말 현재 19조3000억원에 달한다. 고정자산

대한민국 대차대조표
※주요 통계치는 2014~2015년 기준

자산

유동자산

현금 및 현금등가물	885조원
주식시장 시가총액	1400조원
기업 재고자산	

고정자산

유형자산

전국 토지가격	3860조원
주택 시가총액	3150조원
기업 설비 및 사회간접자본 등	
승용차 등록대수	1575만대

무형자산

'한강의 기적' 일군 기업가 정신	
세계를 휩쓰는 한류바람	
GDP 대비 R&D 지출	세계 1위
연간 100만달러 이상 수출기업	16,225개
세계 일류 상품 수	660개
인구 대비 특허출원 수	세계 1위(2013년)
쓰레기 재활용률	세계 1위(2013년)
이공계 대졸자 비율	세계 1위(2013년)
비보이 랭킹	세계 2위
미국 유학생 수	세계 3위

부채

유동부채

가계·기업·정부 부채(총 4700조원) 중 만기 1년 미만	
단기 외채	1200억달러

고정부채

가계·기업·정부 부채 중 만기 1년 이상	
매년 늘어나는 경직성 복지·국방 비용	

우발채무(잠재부채)

지정학적 리스크
저출산·고령화 심화
사회 갈등 조정·통합 능력 부족
구조개혁 지지부진
국가 재무 건전성 악화

자본

자본금+이익잉여금

총 예금액	1080조원
개인·정부·법인 주식보유액	875조원
국민연금 자산	500조원
외환보유액	3700억달러
상장사 사내유보금	845조원

중 토지, 주택, 생산설비, 사회간접자본 SOC, 승용차 등의 유형자산도 다른 신흥국 수준을 넘어선다.

최대 자산은 무형자산이었다. "이봐, 해 봤어?"로 대변되는 한국의 기업가 정신 은 전 세계가 칭송해 마지 않는 '한국의 기적'을 일군 젖줄이었다. 여기에 한국은 개발도상국 중에 산업화—민주화—정보화 로 이어지는 '트리플 크라운'을 동시에 일군 유일한 나라다.

경직성 복지비용 가파른 증가
가계 · 기업 · 정부 빚 '사상 최고'
기업 혁신 가로막는 '우발채무'
포퓰리즘 리스크도 점점 커져
한국 이끌어 온 유무형 자산
어느 순간 부실 자산 될 수도

인적 자산은 또 어떤가. 이공계 기피현상이 만연하고 있다는 우려가 팽배하지만 한국의 이공계 대학 졸업자 비율은 세계 1위다. 절대적인 숫자로 미국 등에 밀릴 지는 몰라도 인구 대비 비율은 여전히 최고다. 특히 한류와 비보이로 상징되는 젊 은이들의 역동성은 미래의 큰 자산이다. 빅뱅 등 한국의 아이돌 그룹은 중국, 동 남아를 넘어 미국, 유럽으로 내달리고 있다.

미래 손익계산서는 그다지 밝지 않아

하지만 ㈜대한민국의 미래 손익계산서는 그다지 밝지 않다. 가계, 기업, 정부 등 경제 3대 주체의 부채는 매년 사상 최고 수준을 기록하고 있다. 빚이 늘어나는 속 도보다 부채의 질이 나빠지는 점이 문제다. 일자리 증가세 정체와 실질소득 감소, 기업들의 실적 부진이 저금리라는 '마약'과 결탁했기 때문이다. 선진국들이 높게 평가하는 국가의 재무건전성 또한 경직성 복지비용이 해마다 큰 폭으로 늘어나 면서 급속도로 악화되고 있다.

우리 경제의 성장 잠재력을 갉아먹고 기업 혁신을 저해하는 우발채무(잠재부채) 리스크도 커지고 있다. 민주화라는 이정표는 포퓰리즘적 대중민주주의 길로 들어서면서 정치를 타락시키고 있다. 세계적인 경기 침체와 제조업 약화는 1만6000여개 수출 개미군단의 생존과 진격을 위협하고 있다. 위기를 돌파할 정부의 리더십 부재도 우려스럽다.

이런 구조가 지속되면 향후 ㈜대한민국의 미래를 이끌 유무형 자산들은 어느 순간 부실 자산으로 전락할 가능성이 높다. 그동안 국민들이 피땀 흘려 쌓아 올린 자본의 존립기반도 뿌리째 흔들릴 수밖에 없다. 2015년 ㈜대한민국의 대차대조표는 생로生路가 몇 갈래 남지 않은 지뢰밭을 보는 느낌이다.

02

성장이냐, 몰락이냐

성장은 이제 배부른 소리…
생존마저 도전이 된 아픈 현실

.

／　　연 3% 경제성장을 '고高성장'이라고 말하는 경제관료들이 적지 않다. 과거 저성장으로 여겨지던 연 3% 성장이 이젠 '깜짝 실적'이라는 것이다. 한국이 저성장의 늪에 빠져들고 있다. 수출이 곤두박질치고, 내수 살리기도 요원하다. 성장 하락세를 되돌릴 만한 추동력도 보이지 않는다. 1인당 국민소득은 2006년부터 2만달러대에서 벗어나지 못하고 있다. LG경제연구원은 국민소득이 지난해를 고점으로 올해와 내년에 걸쳐 2년 연속 줄어들 것으로 전망했다. 한국의 국민소득은 1997년 외환위기와 2008년 글로벌 금융위기 직후를 제외하면 줄어든 적이 없다.

20년 시차 두고 일본 따라가는 한국

이러다간 성장가도를 달리다 추락한 일본·그리스·이탈리아의 전철을 밟는 것 아니냐는 우려가 나온다. 독보적 기술력을 바탕으로 세계 경제를 이끌었던 일본은 1990년대 초부터 20년 넘게 장기 침체를 겪고 있다. 일본 정부가 금리를 제로

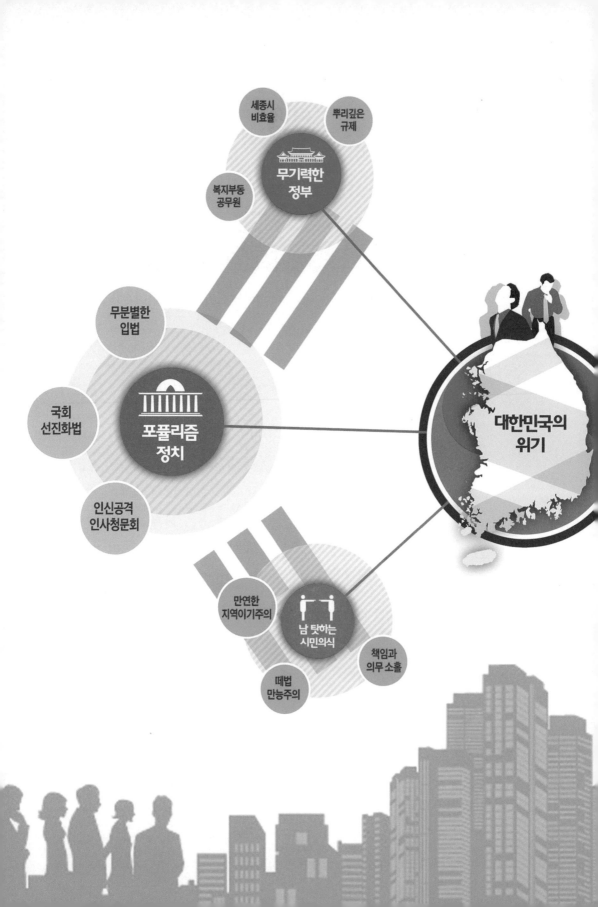

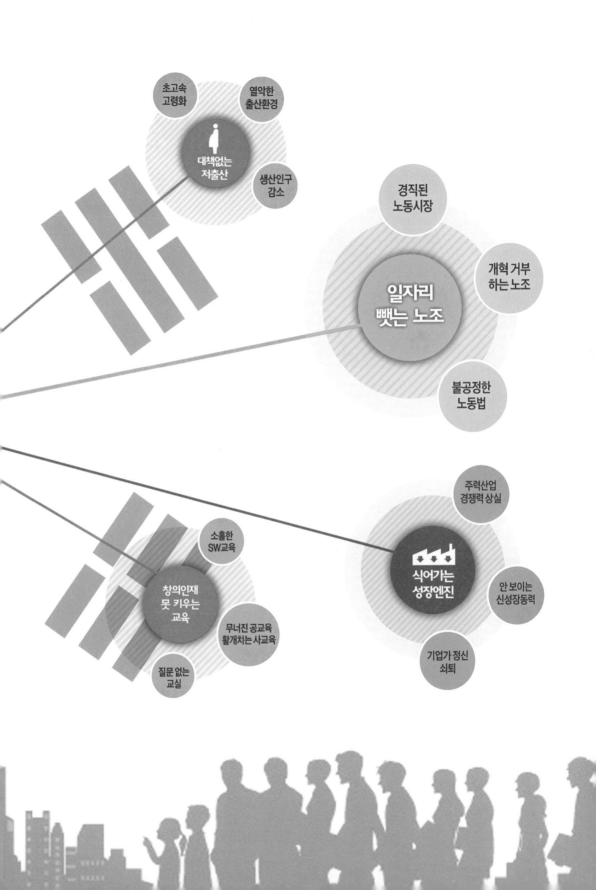

⑩ 수준으로 낮추고 재정을 풀었지만 망가진 성장 시스템을 복원하지 못했다. 지지부진한 구조개혁과 급속한 고령화로 경제 활력이 떨어지면서 '잃어버린 20년'을 보냈다.

그리스는 포퓰리즘 정책 등을 남발한 데다 무리하게 확장적인 재정 정책을 펴다가 끝내 파산했다. 2009년만 해도 국민소득 3만달러 돌파를 눈앞에 뒀던 국가가 이듬해 국제통화기금(IMF)의 첫 구제금융을 받는 비극을 연출했다. 관광업에만 의존하고 제조업을 방치한 탓에 국가 경쟁력이 바닥났다는 게 전문가들의 분석이다. 한때 독일, 일본과 함께 세계 경제를 주름잡았던 이탈리아도 빠르게 변화하는 산업 구조에 대응하지 못해 장기 침체에 빠졌다. 연구개발(R&D)을 등한시한 데다 대규모 설비 투자도 제때 하지 못했다. 그럼에도 경직된 노동시장으로 인해 임금은 빠르게 올라 국제 경쟁력을 잃었다.

이들 세 나라의 실패가 종합적으로 나타나고 있는 것이 한국의 최근 모습이라는 지적이 나오고 있다. 특히 일본의 '잃어버린 20년' 진입 초기와 놀라울 정도로 비슷하다고 많은 전문가가 말하고 있다. 명목 경제성장률 추이나 총인구 증가율, 고령화 추세, 금리 및 부동산 가격 추이 등 여러 방면에서 일본이 20여년 전 걸어간 길을 되밟고 있다는 게 한국개발연구원의 분석이다.

그리스를 파산으로 몰고간 포퓰리즘 정책도 마찬가지다. 우리 국회는 행정부를 압도하는 권력을 바탕으로 복지분야 등에서 포퓰리즘 법안을 남발하고 있다. 빚을 내 확장적인 재정 정책을 편 탓에 2016년 국가 채무는 처음으로 국내총생산GDP의 40%를 넘어설 것으로 예상된다.

한국 경제를 떠받치던 조선, 철강, 석유화학 등 주력 제조업은 중국과 일본 사이에 끼여 거센 구조조정 압력을 받고 있다. 2016년부터는 정년 연장까지 예정돼 있다. 그럼에도 노동개혁은 지지부진하다. 저성과자 해고 기준 마련은 법제화가 아니라 정부 지침으로 어물쩍 넘어가는 수준에 머물게 됐다.

구조개혁으로 경쟁력 회복해야

독일은 1990년 통일 이후 '유럽의 병자'로 불릴 정도로 경제 활력을 잃었다가 2003년 노동시장 개혁을 골자로 한 '하르츠 개혁'으로 부활했다.

재계와 노동계가 참여한 하르츠위원회는 실업률을 낮추기 위해 고용 형태를 다양화하는 방안을 내놨다. 파견·기간제 등 비정규직 규제를 완화하고, 주당 15시간 미만 일하는 '미니잡(시간제 일자리)'을 대폭 확대해 눈에 띄는 성과를 이끌어냈다. 3만달러를 넘어섰던 1인당 국민소득이 2002년 2만3680달러까지 추락했으나 2007년 4만달러대로 급반등한 배경이다.

강소기업 경쟁력도 선진 경제의 핵심 요소로 꼽힌다. 스위스는 관광산업뿐만 아니라 부품·소재 중소기업을 대거 육성한 덕에 국민소득을 2만달러에서 3만달러로 올리는 데 2년밖에 걸리지 않았다.

조동철 KDI 거시경제연구부장은 "노동시장이 유연하고 규제가 적은 나라들이 장기 침체에 빠지지 않고 선진국으로 발돋움할 수 있었다"며 "한국 경제의 지속 성장을 위해선 구조 개혁과 규제 완화가 모범 답안"이라고 강조했다.

한국은 잃어버릴 시간조차 없다

LG경제연구원은 2020~2030년 한국의 잠재성장률을 평균 1.7%로 내다봤다. 잠재성장률은 '한 국가가 자본, 노동 등 가용 자원을 활용해 생산할 수 있는 국내총생산의 증가 속도'를 뜻한다. 일반적으로 국가 경제가 안정적으로 도달할 수 있는 중장기 성장추세를 뜻한다. 잠재성장률은 2000년대 4.6%에서 2010~2014년 3.6%로 낮아졌다. 2015~2019년 전망치는 2.5%다. 최경환 부총리 겸 기획재정부 장관은 2015년 3% 성장을 달성하겠다고 공언했지만 2.5% 안팎에 그칠 것이란 전망이 나오는 것도 이런 이유에서다.

현대경제연구원도 한국의 잠재성장률이 머지않아 2%를 밑돌 것으로 내다봤다. 한국개발연구원은 2020년 중반에 잠재성장률 2%가 무너질 것으로 예측했다. 잠재성장률 전망을 어둡게 하는 핵심 요인 중 하나가 생산가능인구(15~64세) 감소다. LG경제연구원은 2017년부터 생산가능인구가 감소세로 돌아서면서 노동투입 여력이 빠르게 줄어들 것으로 예상했다. 김천구 현대경제연구원 선임연구원도 "잠재성장률에 중요한 요소인 자본, 노동, 기술 중 과거 고도성장을 하는 데 도움을 준 자본은 한계에 이르렀고 기술은 큰 폭의 발전을 하기 어렵다"며 "결국 노동만 남는데, 인구가 줄어드는 추세여서 잠재성장률 하락을 막기 어렵다"고 설명했다.

일각에선 중국을 비롯한 세계 경기 둔화 우려가 커지고 있어 한국의 잠재성장률이 더 빠른 속도로 하락할 수 있다고 경고한다. 이대로 방치했다가는 마이너스 성장을 감수해야 하는 상황이 올 수 있다는 얘기다.

PART 3

거꾸로 가는
국회와
정부

거꾸로 가는 국회와 정부

"미래 위해 달라져야 할 곳은
국회와 정부"

포퓰리즘에 빠진 정치

국민의 정치 불신이 '임계치'를 넘어섰다. 한국의 미래를 위해 가장 많이 바뀌어야 할 대상으로 국민은 국회를 첫손에 꼽았다. 경제전문가 10명 중 9명 이상이 '정치 무용론'을 꺼내들 만큼 정치 불신의 골은 깊었다.

한국경제신문이 일반 국민 5000명을 대상으로 '우리나라의 미래를 위해 앞으로 가장 많이 달라져야 할 집단이나 대상은 어디라고 생각하느냐'는 질문을 던졌다. 조사 결과는 일반적인 정서를 크게 벗어나지 않았다. 가장 많은 사람이 국회(43.1%)를 지목했다. 정치부터 바뀌어야 한다는 뜻이다. 나라를 이끌어도 시원찮을 정치가 경제의 발목을 잡아서야 되겠느냐는 비판이다. 다음으로는 정부(29.7%)가 꼽혔다. 정치인만큼 공무원에 대한 불신도 컸다. 국회와 정부라는 '투톱'을 제외하고 나머지는 비슷했다. 언론(6.5%), 청와대(4.8%), 노동계(4.8%), 시민단체(3.7%), 경영계(3.7%) 등이 뒤를 이었다.

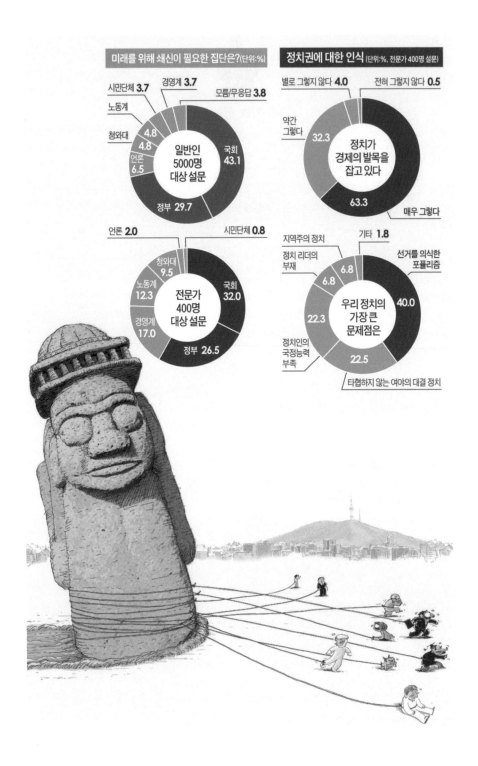

미래를 위해 쇄신이 필요한 집단은?(단위:%)

시민단체 **3.7**　경영계 **3.7**　모름/무응답 **3.8**
노동계
청와대
언론 **6.5**
노동계 **4.8**
청와대 **4.8**

일반인
5000명
대상 설문

국회
43.1

정부 **29.7**

언론 **2.0**　시민단체 **0.8**
청와대
9.5
노동계
12.3

전문가
400명
대상 설문

국회
32.0

경영계
17.0

정부 **26.5**

정치권에 대한 인식 (단위:%, 전문가 400명 설문)

별로 그렇지 않다 **4.0**　전혀 그렇지 않다 **0.5**
약간
그렇다
32.3

정치가
경제의 발목을
잡고 있다

63.3

매우 그렇다

지역주의 정치　기타 **1.8**
정치 리더의
부재
6.8
선거를 의식한
포퓰리즘

6.8

우리 정치의
가장 큰
문제점은

40.0

정치인의
국정능력
부족
22.3

22.5

타협하지 않는 여야의 대결 정치

연령대별로는 2030세대와 40대 이상 기성세대 간 시각차가 도드라졌다. 20대와 30대는 정부에 대한 불만이 컸다. 쇄신 대상 1호로 모두 정부를 꼽았다. 반면 40대 이상은 공통적으로 국회의 변신이 가장 시급하다고 지적했다. 정치적 성향에 따라서도 의견은 갈렸다. 새누리당 지지자들은 최우선적으로 변해야 할 대상으로 국회(55.6%)를 지목했고, 야당인 새정치민주연합 지지층은 국회(32.4%)보다 정부(41.6%)의 쇄신이 더 필요하다고 촉구했다.

일반 국민 10명 중 8명(78.7%)은 '정치권이 경제의 발목을 잡고 있다' 고 응답했다. '국회 등 정치권이 국민의 여론을 반영하지 않고 있다' (82.5%)거나 '국회가 유권자 표만 의식한다' (79.8%)는 설문 결과도 일반인의 정치 불신이 얼마나 심각한지를 보여줬다.

선진국 대비 한국 정치의 수준을 묻는 질문에는 72.5%가 '선진국보다 낮다' 고 평가했다. 19.9%는 '선진국과 비슷하다' 고 답했고 '선진국보다 높다' 는 응답은 6.8%에 불과했다.

야당 등 소수당의 협조 없이는 법안 통과가 어려워 '국회마비법' 으로 불리는 국회선진화법에 대해서는 55.7%가 '개정이 필요하다' 고 답했다. 33.5%는 '여야 합의 취지를 살리기 위해 원안대로 유지해야 한다' 고 했다. 10.8%는 답변하지 않았다. '5년 단임 대통령제를 바꾸는 것이 좋다' (54.9%)는 의견이 '5년 단임제 유지' (41.8%)보다 많았다.

전문가 400명을 대상으로 한 설문조사에선 '정치가 경제의 방해요소가 되고 있다' 는 응답이 전체의 95.5%에 달했다. '매우 그렇다' 는 정치 혐오성 응답자가 63.3%, '약간 그렇다' 는 정치 불신층은 32.3%였다.

전문가 그룹의 40%는 한국 정치의 가장 큰 문제점으로 '선거를 의식한 포퓰리즘(대중영합주의)' 을 지적했다. '타협하지 않는 여야 대결정치' (22.5%), '정치인의 국정능력 부족' (22.3%), '정치 리더의 부재' (6.8%), '지역주의 정치' (6.8%) 등도 한국 정치의 고질병으로 꼽혔다.

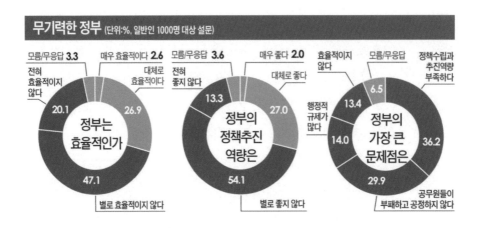

무기력한 정부 (단위:%, 일반인 1000명 대상 설문)

정부는 효율적인가
- 모름/무응답 3.3
- 매우 효율적이다 2.6
- 대체로 효율적이다 26.9
- 전혀 효율적이지 않다 20.1
- 별로 효율적이지 않다 47.1

정부의 정책추진 역량은
- 모름/무응답 3.6
- 매우 좋다 2.0
- 대체로 좋다 27.0
- 전혀 좋지 않다 13.3
- 별로 좋지 않다 54.1

정부의 가장 큰 문제점은
- 모름/무응답 6.5
- 정책수립과 추진역량 부족하다 36.2
- 효율적이지 않다 13.4
- 행정적 규제가 많다 14.0
- 공무원들이 부패하고 공정하지 않다 29.9

원활한 국정운영을 위해 개헌의 필요성도 제기했다. '대통령 4년 중임제로 개헌해야 한다'는 응답이 66.0%로 '5년 단임제 유지'(18.0%)를 앞질렀다. '의원내각제 도입'(14.8%) 의견은 많지 않았다.

규제가 창조경제 막는다

정부는 우리 사회와 국민의 미래를 책임지기에 충분한 역량을 갖췄을까. 공무원은 공복公僕으로서 역할을 충실히 수행하고 있을까.

국민들의 대답은 '아니다'였다. 한국경제신문의 설문조사(일반인 1000명 대상) 결과는 정부·공무원에게 국민이 냉랭한 시선을 보내고 있음을 여실히 보여줬다. '정부는 무기력하고, 공무원은 청렴하지 않다'라는 게 대다수 국민의 생각이었다.

정부 효율성에 대한 불신부터 팽배했다. 국민의 67.2%가 '우리나라 정부는 비효율적'이라고 답했다. 효율적이라는 답변은 29.5%에 불과했다. 연령대별로는 30대에서 정부가 비효율적이란 의견이 83.0%로 가장 높았다. 20대와 40대에서도 이런 의견이 70% 이상에 달했다. 반면 50대와 60대에선 정부 비효율에 대한 부정적 의견이 각각 64.4%와 48.0%로 상대적으로 낮았다.

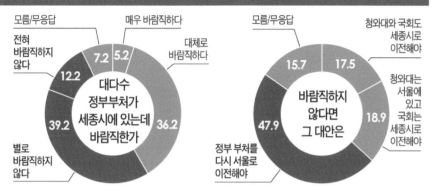

정부 효율성 떨어뜨리는 세종시 (단위:%, 일반인 1000명 대상 설문)

대다수 정부부처가 세종시에 있는데 바람직한가
- 매우 바람직하다 5.2
- 모름/무응답 7.2
- 대체로 바람직하다 36.2
- 전혀 바람직하지 않다 12.2
- 별로 바람직하지 않다 39.2

바람직하지 않다면 그 대안은
- 모름/무응답 15.7
- 청와대와 국회도 세종시로 이전해야 17.5
- 청와대는 서울에 있고 국회는 세종시로 이전해야 18.9
- 정부 부처를 다시 서울로 이전해야 47.9

    정부 역량에 대한 평가도 인색했다. '정부의 정책 수립·추진역량이 좋지 않다'는 의견은 67.4%로 긍정적인 의견(29.0%)의 배 이상에 달했다. 이 질문에 대한 의견 역시 20·30·40대에서 부정적 의견이 70% 이상에 달했다.

    공무원의 청렴도에 대해서도 많은 국민이 의구심을 품었다. 67.5%가 '공무원은 청렴하지 않다'고 생각했다. '공무원은 청렴하다'는 의견은 28.8%에 그쳤다. 세대별로는 20대의 71.2%가 공무원의 청렴도에 부정적 의견을 내놨다. 30대와 40대에서도 이런 의견이 70%에 육박했다.

    세종시와 관련해선 중앙행정기관이 대거 세종시로 내려가면서 행정력 낭비만 초래했다고 보는 국민이 많았다. 51.4%가 '정부부처의 세종시 이전은 바람직하지 않다'고 답했다. 지역별로는 대전·충청권을 제외한 모든 지역에서 바람직하지 않다는 의견이 우세했다.

"나라곳간 어찌되건
나만 당선되면 된다"

김광진 새정치민주연합 의원은 군 제대 장병들에게 법정 최저임금의 3개월치(1인당 약 300만원)를 지급하도록 하는 병역법 개정안을 2014년 12월 발의했다. 전역 장병이 연간 30만명인 것을 감안하면 한 해 1조원가량의 재정 부담이 생기는 법안이다. 국회 예산정책처는 이 법을 시행하면 2015년부터 2020년까지 5조 4172억원이 필요할 것으로 추산했다. 선거를 앞두고는 세금을 깎아주겠다는 선심성 법안이 쏟아진다. 2015년 8월 20일부터 9월 20일까지 한 달간 국회에 의원입법으로 발의된 조세특례제한법 개정안 7건이 모두 비과세·감면 혜택을 신설하거나 일몰 기한을 연장하는 내용인 것도 다음 해 4월 국회의원 총선거를 의식한 측면이 크다.

급증한 의원입법 … 포퓰리즘 심해져

국가 빚이 늘어나면서 재정 건전성에 대한 우려가 커지고 있지만 국회는 '나몰라라' 다. 나라곳간 사정은 아랑곳하지 않은 채 '포퓰리즘 입법'을 쏟아내고 있다. 19대 국회 들어 2015년 9월까지 국회의원들이 발의한 법안 수는 1만5077건으로 18대 국회보다 23.4% 늘었다. 이들 법안 중 여론과 시류에 편승한 포퓰리즘 입법이 절반 이상을 차지한다는 것이 전문가들의 분석이다.

특정 지역표를 의식한 법안 발의도 많다. 배재정 새정치민주연합 의원은 2015년 6월 부산국제영화제 및 국제영상콘텐츠밸리 지원에 관한 특별법을 발의했다. 이 법은 정부가 부산국제영화제 개최와 국제 영상콘텐츠밸리 조성을 위해 일정액 이상의 예산을 지원하도록 하는 내용을 담고 있다. 정치권에선 그다음 해 총선에서 부산 출마를 노리고 있는 배 의원이 지역 민심을 사기 위해 이같은 법안을 제출했다는 지적이 나왔다. 오신환 새누리당 의원이 2015년 발의한 변호사시험법 개정안도 2017년을 끝으로 폐지되는 사법시험을 2018년 이후에도 유지하는 내용을 담았다. 고시촌이 몰려 있는 서울 관악을이 오 의원의 지역구다. 반시장·반기업 입법 발의 건수도 느는 추세다. 새누리당은 면세점 매장의 20%를 중소·중견기업 제품에 할당하도록 하는 내용의 관세법 개정을 추진하고 있다. 이렇게 되면 값비싼 수입 의류나 잡화 등을 백화점 등보다 20~30% 싸게 파는 면세점의 고유 장점이 약해질 수 있다는 분석이 나온다.

민병두 새정치민주연합 의원은 기업 임원 중 연봉 공개 대상을 현행 등기 임원에서 미등기 임원으로까지 확대하는 내용의 자본시장법 개정안을 2014년 4월 발의했다. 같은 당 김기준 의원도 미등기 임원이라도 보수총액이 상위 5명에 속하면 연봉을 공개하도록 하는 내용의 법 개정안을 냈다. 대기업 총수들이 등기 임원에서 물러나자 공개 대상을 미등기 임원으로까지 확대하려는 것이다.

비슷한 법 우후죽순 발의

사회적으로 큰 이슈가 생기면 관련 법안을 쏟아내는 '인스턴트 입법'도 사라지지 않고 있다. 메르스(중동호흡기증후군)가 확산된 지난 2015년 6월 발의된 전염병 관련 법 개정안만 14건에 달했다. 시·도별로 감염병관리본부를 두도록 하는 등 내용도 비슷했다. 어린이집 영유아 폭행 사건이 터진 2015년 1월에는 어린이집에 CCTV 설치를 의무화하는 법 개정안이 쏟아졌다. 당시 국회엔 이미 비슷한 내용의 법안이 다수 계류돼 있었다.

부실 입법도 빈발하고 있다. 국회는 같은 해 5월 상가 세입자의 권리금을 보장하는 내용을 담은 상가건물임대차보호법 개정안을 통과시켰다. 하지만 법제사법위원회 심사 과정에서 대형 복합상가와 전통시장 상인은 보호 대상에서 제외됐다. 대규모 점포는 보호할 필요가 없다고 판단, 대규모 점포에 입점한 상인이 중소 자영업자라는 사실을 간과한 것이다. 상인들이 반발하자 국회의원들은 공청회를 여는 등 법 재개정에 나섰다.

김형준 명지대 정치학과 교수는 "전문성이 뒷받침되지 않은 포퓰리즘 입법은 국가 재정에 재앙과 같은 결과를 초래할 수 있다"며 "국회내 입법 지원 조직을 강화해야 한다"고 말했다.

 ## "공개 망신 줘서라도 나만 눈길 끌면 된다"

국회의 인사청문회 제도는 2000년 김대중 정부 때 도입됐다. '국회가 공직 후보자를 제대로 검증해보자'는 취지였다. 하지만 지난 15년간 인사청문회는 부적격 인사를 걸러내기보다는 후보자 개인의 신상을 터는 등 공개 망신을 주는 장치로 변질했다는 비판을 받고 있다. 이로 인해 국가적 인재 수급의 왜곡을 가져왔다는 지적이다.

박근혜 정부 들어서 총리 후보자 지명을 받은 여섯 명 가운데 세 명이 인사청문회 벽을 넘지 못했다. 김용준 전 헌법재판소장, 안대희 전 대법관, 문창극 전 중앙일보 주필이 중도에 낙마했다. 총리로서 직무를 잘 수행할 것인지를 따지기보다는 후보자 개인과 가족에 대한 '신상털기'가 횡행한 탓이다.

공직 후보자의 국정수행 능력이나 종합적인 자질을 살피기보다는 여론재판식으로 인사청문회가 진행되다 보니 공직에 나서겠다는 사람이 크게 줄었다. 박근혜 대통령은 "(총리 후보로 고려한) 많은 분이 고사하거나 가족이 반대해 어려움이 많았다"고 토로했다.

정부가 쇄신 차원의 장관급 인사를 단행하고 싶어도 인사청문회 통과가 걱정돼 포기하는 사례도 적지 않다는 게 청와대 안팎의 얘기다.

국회의원 출신 장관이 양산된 것도 인사청문회와 무관치 않다는 분석이다. 여야를 막론하고 같은 국회의원끼리는 '봐주기 관행'이 있기 때문에 의원들의 청문회 통과 가능성이 높다는 것이다. 박근혜 정부 들어 최경환(부총리 겸 기획재정부 장관)·황우여(부총리 겸 교육부 장관)·유기준(해양수산부 장관)·유일호(국토교통부 장관)·김희정(여성가족부 장관) 의원 등이 줄줄이 장관으로 발탁된 배경이다.

인사청문회 폐해가 커지면서 제도를 손질해야 한다는 목소리도 크다. 정책능력은 인사청문회에서 공개 검증하고 도덕성 부분은 비공개로 바꾸는 '분리검증안'이 대안으로 거론되고 있다. 새누리당이 이 같은 내용을 골자로 한 법 개정안을 추진하기도 했다. 하지만 야당의 반대로 흐지부지됐다.

최진 경기대 정치전문대학원 교수는 "국회 인사청문회가 신상털기에만 집중하면서 득보다 실이 많아졌다"며 "정치철학이나 능력, 리더십을 공개적으로 검증하는 방식을 도입할 필요가 있다"고 설명했다.

미국法 대충 베낀 선진화법
국정 마비 부른 '국회 후진法'

／ "폭력 국회를 막겠다며 만든 법안이 국회를 마비시켜버렸다. 말 그대로 '식물국회'가 됐다. 성숙한 합의문화가 없는 후진적 정치문화에선 국회선진화법이 제 기능을 할 수 없다."(이내영 고려대 정치외교학과 교수) 2012년 5월 탄생한 국회선진화법(국회법 일부개정법률안)의 별명은 '국회 마비법'이다. 당초엔 미국 의회의 '신속입법절차(패스트 트랙 · fast track)'처럼 중요 쟁점법안에 대해 일정 요건을 갖추면 국회 본회의에 직권 상정하도록 하는 '안건 신속처리제도'로 도입됐다. 하지만 물리적 폭력을 동반한 몸싸움을 방지하고 다수당의 법안 날치기 통과를 막자는 취지가 강조되면서 모든 쟁점 법안에 '5분의 3 이상'의 동의를 얻도록 하는 조항이 포함됐다.

결과적으로 이 법이 발효된 뒤 국회의 법 처리는 오히려 늦어졌고, 민주주의의 핵심이자 헌법 가치인 '다수결의 원칙'마저 무너졌다.

대충 베낀 '반쪽짜리 법'

국회선진화법은 2011년 5월 황우여 한나라당(현 새누리당) 원내대표와 김진표 민주통합당(현 새정치민주연합) 원내대표를 중심으로 양당 쇄신파 의원들이 주도해 발의됐다. 의장석 점거 등 폭력으로 얼룩진 국회를 바로잡겠다는 것이 명분이었다. 하지만 양쪽 다 소수당으로 전락할 때에 대비한 '정치적 보험' 차원에서 입법을 서둘렀다는 게 전문가들의 시각이다. 이 법안은 1년여의 논의 끝에 통과됐다.

미국에서는 신속입법절차를 따라야 하는 중요 안건을 구체적으로 명시했다. 국가 안보와 관련된 전쟁 결의안, 군사기지 조정, 경제 안보와 직결된 무역 관련 법안, 의회 예산안, 연금개혁법 등이 대표적이다. 하지만 한국에서 도입된 국회선진화법은 신속입법절차를 밟기 위한 요건으로 '본회의 혹은 상임위원회를 기준으로 재적의원 5분의 3이 동의해야 한다' 는 것을 명시해 문턱만 높여놨다. 그러면서 예외 분야는 제대로 적시하지 않았다. 유일하게 '예산안의 자동부의' (예산안을 헌법이 정한 법정시한에 본회의에 자동 상정되도록 하는 것)만 명시했다. 김형오 전 국회의장은 "미국 법을 베꼈지만 도입 당시 여야 간 정치적 타협에 의해 서둘러 처리하면서 제대로 베끼지도 못한 반쪽짜리 법이 됐다"고 비판했다.

법안 끼워팔기 관행 낳아

여야의 주고받기식 법안 처리는 국회선진화법이 낳은 대표적인 부작용이다. 주요 쟁점법안을 처리하려면 총 의석(300석)의 5분의 3인 180석 이상을 확보해야 한다. 과반 의석을 가진 여당이라도 야당의 동의 없이는 민생법안 하나 처리하지 못한다. 선진화법으로 힘이 세진 야당은 정부·여당이 추진하는 모든 법안에 일단 반대하면서 협상주도권을 거머쥐었다. 해당 상임위원회와 법제사법위원회를 통과해 본회의 상정만 남겨둔 법안이 여야 협상 테이블에서 '퇴짜' 를 맞는 일도 비

19대 국회 국회선진화법 부작용 사례

시기	법안	세부내용	논의 지연사유
2013년 2월	정부조직법	박근혜 정부 출범 후 미래창조과학부 신설 등 부처개편	야당이 방통위의 심의기능을 미래부로 이관하는 것 반대
3월	국회의원 징계안	막말 파문으로 김태호(새누리당), 이종걸, 배재정(민주통합당) 의원 징계안 심의	민주통합당에서 안건조정요구서를 제출해 논의석 달 지연 시도
2015년 3월	경제활성화법안	정부·여당이 경제활성화 대책으로 내놓은 30개 법안	야당이 연계처리 주장하면서 6개 법안 계류 중
5월	공무원연금법 개정안	공무원들의 연금 지급률을 낮추고 기여율을 올리는 내용	야당이 국민연금의 소득대체율 인상, 정부 시행령의 국회 수정요구권 강화한 '국회법 개정안' 등 연계처리 요구
8월	국정감사 일정 등 협의	추석을 앞두고 국감 시기 조율 여야협의	야당이 협의 조건으로 세월호특별법 시행령점검 소위, 국가정보원 해킹 의혹 관련 긴급 현안 질문 등 요구
9월	노동개혁 관련 5대 법안	여당이 노동시장 개혁을 골자로 내놓은 5개 법안	야당이 국회 내 특위 설치 및 법인세 인상 이슈와 연계 주장

일비재했다.

정부·여당이 처리를 주장하고 있는 경제활성화법안 중 대표적 법안인 관광진흥법(교육문화체육관광위원회 소관)은 호텔 건립 규제를 완화하는 내용을 담고 있다. 야당은 환경노동위원회 소관인 '최저임금법 개정안'을 함께 처리해야 한다는 입장을 고수했다. 국회사무처 관계자는 "상임위가 다른 두 법안을 연계 처리하는 것은 각 당 원내지도부가 할 일"이라며 "상임위가 무력화됐다"고 말했다.

2015년 5월 공무원연금법 개정안을 처리하는 과정에서 야당이 '정부 시행령에 대한 국회 수정요구권'을 강화한 국회법 개정안을 연계 처리해 관철시킨 것도 '법안 주고받기'의 대표적 사례다. 국회법 개정안은 그러나 박근혜 대통령이 거부권을 행사해 무산됐다.

"패거리만 있는 정치,
대립각의 덫에 빠졌다"

이계안 2.1연구소 이사장은 전문경영인과 정치인을 거친 흔치않은 이력을 가졌다. 현대자동차 사장과 현대카드 사장을 거쳐 17대 열린우리당 의원(서울 동작 을)을 지낸 그는 이제 2.1연구소를 열어 저출산과 고령화를 고민하고 있다. 2.1은 한 사회가 현재의 인구를 유지하기 위해 필요한 합계출산율이다. 그가 17대 국회의원 임기를 마친 2008년, 하버드 대학에서 만난 정치학의 석학 조지프

이계안 前 의원이 말하는
'우리 정치 이게 문제다'

나이 교수는 그의 이력을 듣고 "경영자는 효율을, 정치인은 정의를 추구한다는 점에서 본질이 다른데 어떻게 선거를 치렀냐"며 만남을 청했다고 한다. 이 이사장은 "나이 교수를 만나고 나서야 내가 정치와 경영의 본질적 차이도 모르고 정치에 뛰어들었다는 것을 깨달았다"며 "돌이켜보면 부끄러운 일"이라고 말했다.

서울 광화문에 있는 2.1연구소에서 만난 이 이사장은 정치권에서의 자신을 "소수자 중에서도 소수자였다"고 회고했다. "당시 열린우리당에서는 민주화 세력, 호남 출신이 주류인 상황에서, 산업화 세력이면서 비호남 출신인 나는 어느 쪽의 계파에도 속하지 않았기 때문"이라는 설명이다.

이 이사장은 고 김근태 의원이 열린우리당 의장을 맡고 있을 당시 경제단체장과 기업관계자의 만남을 주선했던 경험을 소개했다. 경제가 어려우니 한국 경제를 경제계와 여당이 함께 고민해보자는 차원에서 전경련, 상공회의소 등과 잇따라 만났고 양측 모두 만족도가 높았다. 회동을 세 번쯤 이어가자 청와대 측에서 "(김 의원이) 대선을 준비하시냐"는 전화가 왔다고 한다. 이 이사장은 "당시 청와대와 계파가 다

른 김근태 의장에 대한 견제가 작동된 것"이라며 "결국 김 의장과 재계의 회동은 중단됐다"고 전했다. 계파 간 견제로 인해 정치권과 경제계 간 소통이 단절돼버린 셈이다. 이 이사장은 "자신이 추구하는 가치로 국민의 지지를 받아 그것을 구현하려는 노력이 정치인데 '가치'는 없어지고 '패거리'만 있었다"며 "사람 중심의 계파가 아닌, 가치 중심의 계파로 변화해야 한다"고 강조했다.

정치권 저변에 깔린 또다른 형태의 '편가르기'도 정치신인에게 높은 벽이었다. 그가 열린우리당 재정위원장을 맡고 있을 때의 일이다. 상당한 금액을 당비로 내는 후원자인 재정위원들과 당시 당의장이 만난 자리에서 한참 흥이 올랐을 때 쯤, 한 재정위원이 "제가 이번에 출마를 하고 싶다"고 말했다고 한다. 이 이사장은 "이 말이 나오자마자 의장은 '돈으로 명예를 사면 안된다'며 단칼에 잘랐다"며 "이른바 여의도의 '청류'라고 불리는 민주화세력이 '탁류'라고 부르는 기업 출신들에 대한 시각을 단적으로 보여준 것"이라고 회상했다. 의장의 그 말은 상당한 금액을 당비로 내며 당을 후원하는 재정위원들에게 '탁류로 청류를 넘어서지 말라'는 메시지로 받아들여졌다는 것이다. 이 일을 계기로 그는 당 재정위원장을 사퇴했다.

이 이사장은 야당에 대해 "대립각의 덫에 빠져 지리멸렬하고 있다"고 꼬집었다. 정부가 핵심 국정과제로 추진중인 노동개혁에 대해 야당이 재벌개혁을 대응 카드로 내민 것이 대표적이다. 이 이사장은 "정부가 추진하는 노동개혁의 방향에 이견이 있을 수 있지만 노동시장의 문제는 결코 한가한 것이 아니다"라며 "정부의 노동개혁에 진정 대립각을 세우려면 야당이 비정규직의 열악한 임금수준과 복지 등을 어떻게 개선할지에 대한 답을 내놓아야 한다. 노동개혁의 반대말은 재벌개혁이 될 수 없다"고 비판했다.

여야간 협상을 강조한 국회 선진화법이 제 역할을 못하고 있는 정치권의 현실에 대해서도 쓴소리를 내놨다. 이 이사장은 "국회 선진화법의 고향이 미국이지만 '국회 선진화법 때문에 정치 못하겠다'는 불평은 나오지 않는다"며 "이란 핵문제가 하원의 반대에도 상원을 통과하지 않나"고 반문했다. 그는 "정치는 토론과 협상을 통해 틀에 잡히지 않은 새로운 작품을 내놓는 종합예술"이라며 "국민이 부여한 권능으로 그런 종합예술을 하라는 지상명령인데 선진화법을 탓하며 정치가 안된다는 것이 지금 우리 정치권"이라고 비판했다.

한국경제신문이 일반 국민 5000명을 대상으로 실시한 설문조사에서도 '우리나라의 미래를 위해 앞으로 가장 많이 달라져야 할 집단이나 대상은 어디라고 생각하느냐'는 질문에 대해 가장 많은 사람이 국회(43.1%)를 꼽았다. 이같은 결과에 대해 이 이사장은 "국민들이 그만큼 정치와 국회의 역할이 중요하다고 생각하는 방증 아니겠나"며 "그래서 더욱 정치권의 혁신이 중요하다"고 말했다. 지금 우리 정치에 필요한 혁신에 대해서는 "좋은 사람이 들어갈 수 있는 문호를 넓히고 그들을 위한 무대를 만들어주는 것"이라고 설명했다.

이 이사장은 "거창하지 않아도 소명의식이 있는 사람이 정치를 했으면 좋겠다"며 "권력을 따르거나 자신의 이익을 구현하기 위한 정치는 자신도 당도 나라도 망치는 것"이라고 강조했다. 정치와 국회를 바라보는 국민들의 시선도 달라져야 한다고 당부했다. 그는 "국회의원이 지역에서 경조사를 챙기고 민원을 처리하는 것을 당연히 여기는 문화가 있다. '내가 뽑아줬기 때문에 내 말을 들어야 한다'는 것"이라며 "국회의원은 국가·국민을 위해 일하는 사람인 만큼 그런 일을 할 수 있도록 도와주고 사사로움에 빠지지 않도록 격려해주어야 한다"고 말했다.

드론으로 무인택배도 하는 美…
장난감 정도로만 날리라는 韓

대한민국 정부는 매머드 조직이다. 행정부 수반인 대통령을 중심으로 17 부·3처·17청의 중앙정부를 두고 있다. 전국엔 17개 광역지방자치단체, 226개 시·군·구, 3496개 읍·면·동이 있다. 공무원은 중앙과 지방정부를 합해 모두 101만310명(지난해 말 행정자치부 소속 정원 기준)이다. 인구 1000명당 20명꼴이다. 공무원 수는 건국 이래 줄어든 적이 없다. 갈수록 거대해지는 정부는 그러나 '비효율'의 대명사가 된 지 오래다. 공무원들에겐 '철밥통', '복지부동'이란 꼬리표가 붙는다. "부처 이기주의에 매몰돼 서비스 정신은 찾아볼 수 없고, 산업·기술은 빠르게 변하는데 낡은 법령집만 고집한다"는 비판이 쏟아진다.

신성철 HJ홀딩스 대표는 2014년 초 서울 삼성동 선릉역 4번출구 앞 3000㎡ 부지에 호텔을 짓겠다는 계획을 세웠다. 1000억원을 투자해 지하 7층, 지상 26층짜리 5성급 호텔을 신축할 요량이었다. 그러나 신 대표의 호텔신축 계획은 한 발짝도 앞으로 나가지 못했다. 학교 주변 200m 이내에 호텔을 지을 때는 교육청 심의를 받도록 한 규제(학교보건법) 탓이다. HJ홀딩스의 호텔 신축부지도 직선거리로

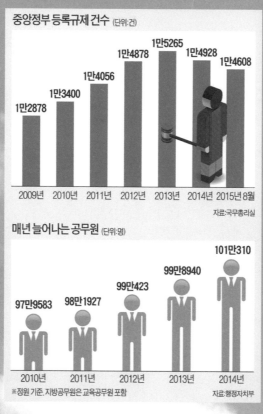

중앙정부 등록규제 건수 (단위:건)

1만2878 2009년
1만3400 2010년
1만4056 2011년
1만4878 2012년
1만5265 2013년
1만4928 2014년
1만4608 2015년 8월

자료:국무총리실

매년 늘어나는 공무원 (단위:명)

97만9583 2010년
98만1927 2011년
99만423 2012년
99만8940 2013년
101만310 2014년

※정원 기준. 지방공무원은 교육공무원 포함

자료:행정자치부

137m에 진선여고가 있어 이 규제를 적용받는다.

강남대로변 호텔 신축도 막아

신 대표는 2014년 11월 서울시 강남교육지원청에 호텔 신축허가 신청을 냈다. 신축부지가 테헤란로변에 있는 데다 학교 주변에 이미 레지던스호텔과 유흥업소 등이 들어서 있어 충분히 허가받을 수 있다고 판단했다.

하지만 교육청의 답은 '안 된다' 였다. "26층짜리 호텔을 지으면 학교 운동장에서 눈에 띄어 학습에 악영향을 준다"는 이유였다. 답답해진 신 대표는 2015년 1월 '호텔 신축에 반대하지 않는다' 는 진선여고 교장과 강남구청의 의견서까지 첨부해 행정심판을 청구했다. 교육청은 요지부동이었다.

결국 신 대표는 법원에 행정소송을 제기했다. 그는 "퇴폐적인 모텔도 아닌 5성급 호텔을 강남대로에도 못 짓게 하는 규제 해석은 월권 아니냐"고 분통을 터뜨렸다.

귤을 탱자로 만드는 정부

중소기업인 SM중공업은 2008년 지게차와 트럭을 결합한 '트럭 지게차' 를 개발했다. 일반 트럭 뒤편 짐칸에 지게차 기능을 추가한 융·복합형 제품이다. 하지만 트럭 지게차는 한동안 '판매 불가' 판정을 받았다. 회사 측은 트럭 지게차를 건설기계로 등록하려 했으나, 주무부처인 국토교통부가 '트럭에 붙어 있으니 특수자동차로 분류해야 한다' 며 등록을 거부했기 때문이다. 이 문제가 해결된 건 4년 뒤인 2012년이 돼서다. SM중공업은 그 사이 수십억원의 손실을 봐야 했다.

기술·산업은 초고속으로 바뀌는데 정부는 낡은 법령과 규정만 고집하고 있다. 정보통신기술ICT 융합형 산업 분야에서는 이런 사례가 비일비재하다.

P2P(개인 대 개인) 대출서비스가 대표적이다. 해외 각국은 10여년 전부터 P2P 대출을 유망 핀테크(금융+기술)산업으로 키우고 있다. 하지만 국내에서 P2P 대출은 불법이다. 은행·카드·캐피털·대부업 등에만 대출을 허용한 법 규정에 걸려서다. 이런 문제가 지적되자 금융위원회는 지난 2월 P2P금융을 대부업으로 등록하면 영업을 허용해주기로 했다. 유망 핀테크산업이 한국에선 대부업 취급을 받고 있는 것이다.

드론(무인항공기)산업도 마찬가지다. 미국은 지난해 석유탐사, TV·영화 제작, 공중 측량, 건설 등에 드론의 상업적 이용을 허용했다. 아마존, 구글 등은 드론을 활용한 무인택배 시범사업도 시작했다. 하지만 국내에선 △사진촬영 △농약·비료 살포 △측량·탐사 △산림·공원 관측 용도로만 허용한다. 또 전파법은 드론의 영상전송 성능을 수신거리 30m 이내로 제한한다. 장난감 정도로만 허용된다는 의미다.

"내 소관 아냐"… 만연한 핑퐁행정

광주광역시 광산구 소촌농공단지에 있는 자동차부품업체 ㈜호원은 5년째 공장 증설 문제로 골치를 앓고 있다. 이 회사가 소촌농공단지에 입주한 건 1980년대 후반. 그 사이 회사 규모가 커져 2010년 공장 증설을 추진했으나 '농공단지 건폐율은 70%로 제한한다'는 규정이 문제였다.

㈜호원은 광주시에 도시계획 조례개정을 요청했다. 하지만 광주시는 "농공단지 건폐율을 조정하는 건 국토부 소관"이라는 말만 되풀이했다. 국토부는 "전국 농공단지가 400여곳인데 특정 단지에만 혜택을 줄 수 없다"고 난색을 표했다.

정부에 대한 국민의 주요 불만 중 하나는 '핑퐁행정'이다. 부처 간, 중앙-지방 정부 간 책임을 회피하려는 행태가 만연해 있다는 지적이다. 2015년 8월 한국개발연구원의 규제개혁만족도 조사에서도 '공무원의 규제개혁 의식'에 대한 만족도는 5점 만점 기준 2.58점에 그쳤다. 낙제점 수준이다.

제자리 맴도는 국가경쟁력…
문제는 '정부 비효율'

　　스위스 세계경제포럼^{WEF}은 2015년 '국가경쟁력 평가' 보고서에서 한국의 국가경쟁력 순위(전체 140개국)가 전년에 이어 26위를 기록했다고 발표했다. 2004년(29위) 이후 최저 수준이다. 2007년 11위까지 올랐지만 2013년 25위로 처진 뒤 반등하지 못하고 있다. WEF는 한국의 국가경쟁력이 제자리를 맴도는 주요 요인으로 '정부의 비효율'을 지적했다. '정부의 규제 수준'(96위→97위)과 '정부 지출의 낭비'(68위→70위) 순위가 떨어졌다. '정책결정의 투명성'은 123위로 세계 최하위 수준이다.

　　특히 노동·금융시장의 경쟁력이 떨어진다는 분석이다. '고용 및 해고 관행'(106위→115위) '금융시장 성숙도'(80위→87위) 등의 순위가 하락했다. 이 분야에선 르완다, 우간다 등 1인당 국내총생산이 1000달러를 밑도는 국가들에도 뒤졌다.

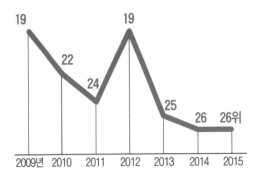

주춤하는 한국의 국가경쟁력 순위

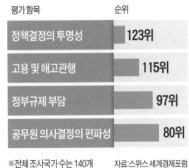

뒤처지는 한국정부 비효율성

국제경영개발연구원IMD 평가에서도 한국 정부의 효율성은 낙제 수준이었다. 2015년 5월 61개국을 대상으로 실시한 '국가경쟁력 평가'에서 한국은 25위로 전년보다 한 단계 오르는 데 그쳤다. 한국은 2011년부터 2013년까지 3년 연속 22위를 유지하다 2014년에 26위로 떨어진 뒤 비슷한 수준에 머물고 있다.

세부 항목을 보면 정부의 효율성 저하가 국가 경쟁력을 갉아먹었다. 정부 효율성(26위→28위)과 인프라 경쟁력(19위→21위)이 떨어졌다. 관세장벽 등 기업관련법(42위→45위)과 기술인프라(8위→13위) 등도 하락했다. 특히 관세장벽(57위), 법과 제도가 기업경쟁력을 촉진하는 정도(48위), 고령화 위험(55위) 등은 조사 대상국 중 최하위권이었다.

국내 전문가들의 진단도 크게 다르지 않았다. 한국경제신문과 한국개발연구원이 공동으로 경제·경영학과 교수, 경제연구소 연구원, 대·중소기업 임원 등 전문가 400명을 대상으로 한 설문조사에서 응답자의 58.8%가 '한국 정부의 효율성 수준이 낮다'고 답했다. 효율성이 낮은 이유로는 '부처 간 장벽 및 부처 이기주의'(31.5%), '무사안일주의 팽배'(30.6%)를 많이 꼽았다. 응답자의 82.3%는 '정부 규제가 기업활동을 제한하고 있다'고 지적했다.

'복지부동' 권하는 공직사회

나는 오늘도 욕 먹는
'대한민국 공무원' 이다

／ 2015년 초 서울 시내 한 구청 교통관리팀장으로 발령받은 L사무관에게 첫 날부터 주민 10여명이 몰려왔다. 아파트 단지 입구에 마을버스 정류장을 설치해 달라는 민원이었는데, 5년째 해결이 되지 않고 있었다. L사무관이 내용을 검토해 보니 구청 지침에도 위배되지 않았고, 교통 흐름에도 지장이 없어 정류장을 설치해도 아무 문제가 없었다.

그런데 왜 허가가 나지 않았을까. 이유를 알고 보니 기가 막혔다. 5년 전 교통 팀장이 "민원을 하나씩 들어주다 보면 끝이 없다"며 거절한 게 이유였다. 그 뒤로 2년마다 팀장이 바뀌었지만 아무도 꿈쩍하지 않았다.

규제개혁도 '지시받은 것만'

L사무관은 즉시 허가를 내주려고 했다. 하지만 쉽지 않다는 걸 바로 깨달았다고 한다. L사무관은 "허가를 내주면 자칫 직장 선배인 전임 팀장들의 잘못을 입증하

는 꼴이 된다"며 "구청 내에서 왕따가 되는 걸 각오해야 함은 물론 향후 인사에서 불이익을 감수해야 하는 상황이었다"고 말했다. 할 수 없이 L사무관은 민원인들에게 시의원과 구의원을 찾아가서 압력을 넣으라고 귀띔했다. 구의원에게 민원을 넣자마자 어이가 없을 정도로 간단하게 허가가 났다.

L사무관은 "중앙정부에서 아무리 규제개혁을 외쳐도 실제로 국민들이 체감하는 현장에선 매일같이 이런 어처구니없는 일이 벌어진다"며 "규제개혁에 대한 중앙정부의 절박감이 지방행정에선 먹히지 않는 이유도 있지만 기본적으로 공무원은 사소한 것이라도 기존에 없던 새로운 것을 할 이유가 없기 때문"이라고 말했다. 정부가 규제개혁을 아무리 외쳐도 실제 생활에서 체감도가 낮은 이유는 뭘까. 한국경제신문은 중앙부처 공무원 147명을 대상으로 설문조사를 했다.

응답자들은 "규제개선이 공급자 중심의 목표(숫자 줄이기)에 치우치다 보니 실제 국민들에게 필요한 규제개혁이 아닌 목표만 달성하면 된다는 식으로 진행된다"고 지적했다. 한 경제부처 고위 공무원(2급) K씨는 "규제완화도 위에서 내려온 명령이기 때문에 하는 것이지, 국민들을 위해서 한다는 생각은 별로 없다"며 "현실적으로 공무원들이 움직여야 하는 생활규제 개선이 이뤄지지 않는 이유"라고 설명했다.

일을 안 하는 게 최선

서울시의 한 구청 공보팀장(6급)은 "정부가 규제개혁을 아무리 강조해도 국민이 실제 생활에서 변화를 느끼지 못한다는 지적에 공감한다"며 "위(중앙정부)에서 뭐라고 해도 아래(지방자치단체)에선 규제를 절대 풀어줄 수 없는 구조적인 원인이 있다"고 말했다. 그는 "사업 인·허가 분야 지방 공무원들 사이에는 '한 번 뚫리면 전부 뚫린다'는 말이 있다"며 "규제를 풀어주면 꼭 특혜 시비가 일기 때문"이라고 전했다.

'이러다 말겠지'라는 인식이 공무원들 사이에 팽배하다는 지적도 나왔다. 익명을 요구한 정부 부처 P국장은 "정권이 바뀌면 규제개혁의 초점이 또 달라질 것이라고 생각하기 때문에 그저 아무 일도 안 하는 게 최선이라는 마음을 갖고 있는 공무원들이 많다"고 지적했다.

그는 "규제개혁이든 공직사회 혁신이든 공무원에 대한 다양한 개혁방안이 나왔지만 매번 숫자 보여주기에 급급했다"며 "공직사회개혁의 궁극적인 목적이 뭔지에 대해 공감하는 공무원이 거의 없다"고 했다.

세종시 이전으로 사태 악화

'왜 걸핏하면 공무원 탓만 하느냐'는 불만도 적지 않다. 조금만 잘못돼도 공무원 탓을 하고, 비리 집단으로 매도하고, 민간 진출을 막으니 자긍심도 떨어지고 의욕도 약해진다는 것이다. 중앙정부의 한 6급 공무원은 "솔직히 15년 전 공직에 들어왔을 때만 해도 국가를 위해 봉사한다는 자부심이 있었는데 박봉에 매일 욕만 먹으니 이제는 그런 마음이 싹 사라졌다"며 "내가 공무원이라는 게 비참할 때가 많다"고 말했다. 경제부처 공무원들 가운데는 세종시 이전이 공직사회의 사기 저하, 의욕 상실, 현실감 괴리 등 부정적인 효과를 증폭시킬 것으로 우려하는 사람이 많았다.

설문 응답자 147명 중 가장 많은 42명(28.6%)이 공직사회의 일하는 분위기에 가장 부정적인 영향을 미치는 요인으로 '세종시 이전'을 지적했다. 관피아 문제(24.4%), 공무원연금개혁(20.4%)보다 세종시 이전을 더 우려했다.

한 경제부처의 C국장은 "세종시로 내려간 공무원들이 현장과는 담을 쌓고 국회와 청와대만 오가느라 시간을 허비하고 있다"며 "이런 환경에서 공무원들이 어떻게 현실을 반영한 정책을 수립하고 집행할 수 있겠는가"라고 반문했다.

"무능해도 보장되는 정년·호봉제는 반드시 손봐야"

권태신 한국경제연구원장이 말하는
'공직사회, 이것부터 고쳐라'

권태신 한국경제연구원장은 "공무원이 무능하면 정부 정책의 품질이 떨어지고 결국 국민과 사회가 피해를 본다"고 말했다. "정부는 시장과 동떨어진 정책을 내놓고 있고 공무원은 예전처럼 밤잠을 마다하며 야근하던 사명감이 사라졌다"는 게 그의 지적이다. 권 원장은 재정경제부 차관, 경제협력개발기구OECD 대사, 국무총리실장을 지낸 정통 경제관료다. 1977년 재무부 사무관으로 출발해 36년간 공직생활을 한 뒤 2014년 재계 싱크탱크인 한국경제연구원으로 자리를 옮겼다.

그는 한국 정부의 비효율 원인으로 '중앙부처의 세종시 이전'을 첫 번째로 꼽았다. "정책은 시장과 동떨어진 책상머리에서 나오는 게 아닌데 정부가 세종시로 이전한 탓에 공무원들이 시장전문가, 기업 등을 만나 얘기를 들을 수 없게 됐다"고 꼬집었다. 그는 "공무원을 세종시로 보낸 데다 '김영란법'으로 기업인을 만나지 말라고 하니 시장과 동떨어진 정책이 나오는 것"이라고 목소리를 높였다. 해결 방안으로는 "국회를 세종시로 내려보내야 한다"고 했다. "과천에 정부청사가 있었을 때도 국회 업무로 여의도에 가면 반나절이 지나갔는데 세종시에선 한나절을 몽땅 허비할 수밖에 없다"고 덧붙였다.

규제개혁이 더딘 데 대해서도 일침을 가했다. 그는 "(공무원이) 기업에 유리하게 규제를 풀어주면 감사원에서 나와 '해당 기업과 부정한 관계 아니냐'고 추궁한다"며 "반대로 아무것도 안 한 공무원은 정년까지 오래 살아남는다"고 했다. 감사원이 2009년 규제개혁 등 적극 행정을 하는 공무원에 대해선 고의·중과실이 없으면 책임을 묻지 않는 '적극행정면책' 제도를 도입했지만 유명무실하다는 것이다.

대안은 없을까. 권 원장은 "무능한 공무원을 퇴출시키지 못하고 정년을 보장하는 호봉제부터 바꿔야 한다"고 강조했다. 업무성과가 좋으면 그에 합당한 인센티브를 주고, 승진도 빨리 시키는 민간기업의 성과보상 시스템을 전면 도입해야 한다는 얘기다.

'單任·短任의 늪'에 빠진 대한민국

1년도 안 돼 바뀌는 장관…
장수 CEO 없는 공기업

대한민국이 '단임^{短任} 및 단임^{單任}의 늪'에 빠져 허우적거리고 있다. 장관을 비롯한 고위 공무원은 일한 지 1년 남짓이면 바뀐다. 공기업은 물론 주인 없는 대기업의 최고경영자는 아무리 성과가 좋아도 단임 임기(3년)를 마치면 물러나야 한다. 정부부터 기업까지 장기 전략이 실종된 채 단기 성과주의만 난무하는 것도 한국 사회가 단임의 늪에 빠졌기 때문이라는 지적이 나온다.

한국경제신문이 김대중 정부부터 박근혜 정부까지 기획재정부(옛 기획예산처 포함) 산업통상자원부 국토교통부 행정자치부 교육부 보건복지부 농림축산식품부 금융위원회 공정거래위원회 등 중앙부처 9곳에서 장관(위원장 포함)을 지낸 120명의 재임 기간을 조사한 결과 평균 15개월로 나타났다. 이 중 52명(43.3%)은 1년도 안 돼 교체됐다.

장관이 바뀌면 차관은 물론 실·국장 등 고위 공무원까지 줄줄이 갈린다. 행자부에 따르면 국장급 이상 고위 공무원의 53.3%(2013년 기준)는 한 자리에서 1년도 채우지 못하고 다른 보직으로 이동했다.

이런 현상은 공기업과 이른바 '유사 공기업'에도 영향을 미치고 있다. 한국전력, 산업은행 등 공기업 CEO는 성과에 관계없이 단임이 원칙이다. 그나마 단임임기도 못 채우고 낙마하는 사람도 많다. 포스코 KT KB금융지주 등 민영화돼 주인이 없는 유사 공기업 CEO도 마찬가지다. 가까스로 연임에 성공하더라도 정권이 바뀌면 어김없이 중간에 낙마한다.

'단임短任 및 단임單任의 늪' 폐해는 많다. 관료들이나 CEO는 절대 모험을 하지 않는다. 투자는 커녕 장기 전략도 마련하지 못한다. 그저 사고 없이 무사안일하게 지내다가 임기를 채우는 데 급급해 한다.

아니면 모든 수단을 동원해서 단기 성과를 내려 한다. 다른 좋은 자리로 이동하거나 연임을 위해서다. 이들이 퇴진한 다음 대규모 부실이나 손실이 심심치 않게 발견되는 것도 이런 이유에서다. 이런 성향을 잘 아는 조직원들은 스스로 움직이지 않는다. '조금 있으면 바뀌겠지' 하며 시간을 보낸다. 그러다 보니 혁신이나 발전이 있을 리 없다. 잘해야 현상 유지다.

전문가들은 대통령 임기가 5년 단임인 데다 장수 CEO를 용납하지 않으려는 사회 분위기가 이런 현상을 초래했다고 지적한다. 이재묵 한국외국어대 정치외교학과 교수는 "한국사회의 정점에 있는 대통령이 임기 5년 이내에 정치·경제적 성과를 내려다 보니 장관 재임 기간도 짧아지고, 관료 및 공기업 CEO 임기가 연쇄적으로 짧아지는 경향이 나타난다"며 "논공행상을 위해 임기 후반기로 가면서 인사가 더욱 잦아지는 것도 문제"라고 말했다.

김성문 홍콩시립대 정책학과 교수는 "조직 수장이 취임하자마자 깎아내리기 바쁜 한국의 정치 및 경영문화도 한 요인"이라며 "이런 문화가 바뀌지 않으면, 단임이라는 제도를 바꿔도 문제점이 개선되지 않을 것"이라고 지적했다.

장관 절반 1년 못 넘겨…
"할 수 있는 건 사과·사죄·사퇴뿐"

／ 　단임短任과 단임單任이 만성화되다시피 한 곳은 공직사회다. 장·차관 등 고위 공직자는 정권이 바뀔 때마다 운명이 갈리고, 한 정권 내에서도 수명 1년을 넘기는 공직자들이 많지 않다. 장기 국책 과제를 수행하는 공기업의 최고경영자도 다를 바 없다. 이로 인한 폐해는 크다. 정책의 연속성이 사라지고, 전문성이 떨어져 국가 장기 성장을 저해하는 요인이 되고 있다는 게 전문가들 지적이다.

6개월짜리 장관도 수두룩

한국경제신문이 기획재정부 등 중앙부처 9곳을 대상으로 김대중 정부 이후 현 정부까지 역대 장관들(120명)의 재임 기간을 조사한 결과 1년 미만이 52명으로 가장 많았다. 절반 가까이가 장관을 맡은 지 1년을 못 채우고 옷을 벗은 것이다. 이 가운데 6개월 미만도 15명에 달했다. 심지어 임명된 지 한 달이 채 안돼 교체된 장관도 5명이었다. 외환위기 당시였던 김대중 정부 때 장관 교체가 특히 심했다. 당시 교육부 장관은 5년간 7명이 바뀌어 평균 수명은 8개월 정도에 그쳤다.

　정부 관계자는 "정책의 연속성과 일관성을 유지하려면 장관 임기는 최소한 3년을 보장해야 한다"며 "1년짜리 장관으로는 할 수 있는 게 없다"고 말했다. 초기 1년은 정책 수립에, 2년째는 법안의 국회 통과에 보낸 후 3년째가 돼야 비로소 정책을 실행할 수 있다는 이유에서다. 하지만 1년을 못 채운 장관이 수두룩하다 보니 정책의 일관성은 고사하고 제대로 된 정책 수립조차 불가능하다는 지적이다. 장관들도 정해진 임기가 없다 보니 책임을 갖고 소신 있는 행정을 펴기 어렵다고 하소

주요 부처 역대 장관 평균 재임기간

	기획재정부	산업통상자원부	국토교통부	행정자치부	교육부	보건복지부	농축산식품부	금융위원회	공정거래위원회
김대중 정부	1년 (7명)	9개월 (5명)	8개월 (7명)	1년2개월 (4명)	8개월 (7명)	8개월 (7명)	1년8개월 (3명)	1년8개월 (3명)	2년6개월 (2명)
노무현 정부	1년 (8명)	1년3개월 (4명)	1년2개월 (4명)	1년 (5명)	9개월 (6명)	1년3개월 (4명)	1년3개월 (4명)	1년8개월 (3명)	2년6개월 (2명)
이명박 정부	1년8개월 (3명)	1년 (4명)	2년5개월 (2명)	1년8개월 (3명)	1년7개월 (3명)	1년3개월 (4명)	1년3개월 (4명)	1년8개월 (3명)	1년7개월 (3명)
박근혜 정부	1년3개월 (2명)	2년8개월 (1명)	1년5개월 (2명)	9개월 (3명)	1년3개월 (2명)	1년2개월 (3명)	2년8개월 (1명)	1년3개월 (2명)	1년3개월 (2명)
전체 평균 재임기간	1년2개월	1년5개월	1년2개월	1년1개월	11개월	1년1개월	1년9개월	1년8개월	1년11개월

※( )는 장관 수

연한다. 현 정부에서 장관을 지낸 한 인사는 "막상 장관이 돼보니 마음대로 할 수 있는 건 딱 세 가지 '사' 자밖에 없더라"며 "국민에게 사과하고, 대통령에게 사죄하고, 사표쓰고 나오는 것 말고는 할 수 있는 게 없었다"고 털어놨다.

'뺑뺑이 인사'로 전문성 떨어져

장관의 단명은 부처 내 잦은 보직 순환인사로 이어진다. 중앙부처 국장급 공무원은 "장관이 바뀌면 보통 차관은 물론 주요 실·국장까지 연쇄 이동하는 게 다반사"라며 "국장 이상은 1년짜리 장관 수명과 같이 간다고 보면 된다"고 말했다.

행정자치부에 따르면 중앙부처 국장급 이상 간부 중 한 자리에서 1년을 못 채운 경우가 53.3%에 달했다. 과장급도 사정은 크게 다르지 않다. 한 부서에서 2년도 안돼 다른 부서로 발령난 공무원이 80.1%나 됐다. 부처 내에서 이른바 '스펙 관리'에 좋은 부서의 경우 '뺑뺑이 인사'는 특히 심하다. 한번 거치면 승진에 유리한 '주무과장' 자리가 대표적이다. 중앙부처 주요 실·국의 총괄과장 자리는 1년을 넘기는 법이 없다.

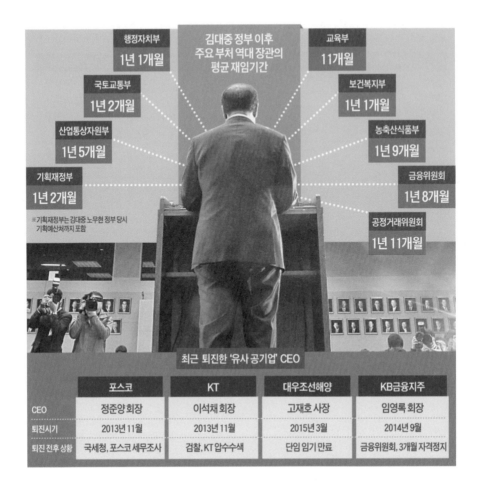

김대중 정부 이후 주요 부처 역대 장관의 평균 재임기간	
행정자치부 1년 1개월	교육부 11개월
국토교통부 1년 2개월	보건복지부 1년 1개월
산업통상자원부 1년 5개월	농축산식품부 1년 9개월
기획재정부 1년 2개월	금융위원회 1년 8개월
	공정거래위원회 1년 11개월

※기획재정부는 김대중 노무현 정부 당시 기획예산처까지 포함

최근 퇴진한 '유사 공기업' CEO

	포스코	KT	대우조선해양	KB금융지주
CEO	정준양 회장	이석채 회장	고재호 사장	임영록 회장
퇴진시기	2013년 11월	2013년 11월	2015년 3월	2014년 9월
퇴진 전후 상황	국세청, 포스코 세무조사	검찰, KT 압수수색	단임 임기 만료	금융위원회, 3개월 자격정지

　　서로 돌아가며 맡는 '나눠먹기식' 인사다. 조성한 중앙대 공공인재학부 교수는 "통상이나 에너지처럼 전문성과 장기적 안목이 요구되는 분야까지 순환근무로 돌리는 것은 문제"라며 "1년 이내에 성과를 내야 하다 보니 장기적 안목보다는 당장 손에 쥘 수 있는 단기과제에 매달리는 부작용을 낳고 있다"고 우려했다.

'연임 불가' 공기업 CEO

국책 과제를 수행하는 공기업 CEO도 마찬가지다. 정권마다 공기업 CEO 자리를

'전리품'으로 생각하는 풍토 탓에 정권 교체와 함께 CEO가 바뀌는 경우가 부지기수다. 임기 보장도 어렵다. 정부 경영평가에서 '우수' 평가를 받는다고 해도 연임하는 사례를 찾기 드물다. 장기적 국책 과제 수립은 생각하기 힘든 구조다. 연임이 힘들다 보니 각종 부작용도 나타나고 있다. 단기 성과에 집착하는 것이 단적인 예다. 기재부 공공정책국 관계자는 "매년 진행되는 공공 기관장 평가에서 좋은 점수를 받기 위해 내 임기 동안만 잘하면 된다는 식으로 예산을 낭비하는 경우가 많다"고 말했다. 주로 선거 출마 등 다음 자리를 노리는 기관장들이 이런 사례에 해당된다. 일부에선 '보여주기식 성과'를 위해 노조와 결탁하는 사례도 나오고 있다. 한 공기업이 임금피크제를 도입하기로 노조와 합의하면서 아낀 비용을 임금피크제 대상자를 위해 쓰기로 이면계약을 맺은 경우가 대표적이다.

 ## CEO 연임 → 검찰 수사 → 중도낙마… 정부 손 타는 '유사 공기업' 실적 추락

민영화된 기업 'CEO 리스크'

'단임의 늪'에 빠져 있는 건 정부, 공공기관, 공기업뿐만 아니다. 정부가 최대주주였다가 민영화된 대기업들과 금융회사들 사정도 비슷하다. 최고경영자가 통상 3년인 임기도 채우지 못하거나, 연임에 성공하더라도 임기 중 검찰수사 등으로 중도 퇴진하는 기업들이 상당수다.

　과거 정부가 주인이었던 포스코·KT·KB금융지주 등이 대표적이다. 세계적 철강회사인 포스코의 이구택 전 회장과 정준양 전 회장은 모두 연임에 성공했다. 하지만 연임 임기 도중 퇴임했다. 정권이 바뀌면서 검찰수사 대상이 됐기 때문이다. 이석채 전 KT 회장도 연임에 성공했으나, 박근혜 정부 출범 후 검찰 기소로 스스로 물러나야 했다. 이 전 회장은 2015년 1심 재판부에서 배임 등의 혐의에 대해 무죄판결을 받았다.

재계 관계자는 "차라리 포스코 등 기업 CEO 임기를 대통령과 같은 5년 단위으로 하는 게 낫다는 우스갯소리도 나온다"고 재계 분위기를 전했다.

한때 리딩뱅크였던 KB금융도 금융권에선 가장 정권의 '손을 많이 타는' 금융사로 꼽힌다. KB금융지주에서는 황영기 1대 회장이 금융당국의 징계에 따라 중도 사임했고 어윤대 2대 회장은 연임에 실패했다. 임영록 3대 회장은 이른바 'KB사태'로 직무정지 징계를 받은 뒤 해임됐다. 옛 국민은행과 주택은행 합병으로 탄생한 국민은행도 마찬가지다. 초대 김정태 행장이 금융당국의 징계로 연임을 못한 데 이어 강정원, 민병덕, 이건호 전 행장은 모두 중도 퇴진했다.

CEO의 불안정한 위상은 기업 경쟁력을 야금야금 갉아먹는다. CEO는 정부의 움직임에 촉각을 곤두세운다. 자신의 존재감을 과시하기 위해 직전 CEO가 폈던 경영전략을 180도 뒤집기도 한다. 이를 잘 아는 직원들은 CEO 눈치만 보거나 단기 입맛만 맞추려 한다. 6개월 넘게 검찰수사를 받고 있는 포스코의 2015년 상반기 영업이익은 작년 동기보다 9.7% 줄었다. KT는 2014년 9661억원의 순손실을 냈다. 산업은행이 대주주인 대우조선은 전임 CEO가 연임에 실패하고 물러난 뒤 2015년 상반기에만 3조832억원의 영업손실을 기록하며 한국 경제 전반에 충격을 줬다.

KB금융지주와 국민은행은 리딩뱅크 자리를 신한금융지주와 신한은행에 내줬다. KB금융과 대조적으로 신한금융은 CEO가 연임하며 장단기 전략을 효율적으로 구사한 영향이 컸다는 평가다. 김영도 금융연구원 연구위원은 "KB금융의 CEO가 임기도 채우지 못한 탓에 경영 연속성이 사라지면서 성장동력이 뚝 떨어졌다"고 분석했다.

PART 4

식어가는
성장엔진

식어가는 성장엔진

"한국 먹여 살렸던
電·車·船 10년 내 경쟁력 상실"

국내 산업의 미래에 대한 경제 전문가들의 우려 수준은 일반인보다 훨씬 심각한 것으로 파악됐다. 경제 전문가들은 앞으로 한국 경제를 이끌어갈 주요 축 중 하나인 서비스산업이 정부의 간섭과 규제 등에 따라 성장하지 못하고 있는 것으로 진단했다. 한국경제신문이 일반 국민 5000명과 경제전문가 400명을 대상으로 벌인 설문조사에서 나타난 결과다.

경제·경영학과 교수, 경제연구소 연구원, 대·중소기업 임원 등 경제 전문가의 90.8%는 반도체·전자·자동차·조선·철강 등 한국 주력 산업의 국제경쟁력이 10년도 채 유지되지 못할 것으로 전망했다. 주력 산업의 국제경쟁력 유지 기간에 대해 '1년 이내'란 답이 0.8%, '1년 초과 5년 미만'이 42.5%, '5년 초과 10년 미만'이 47.5%였다. '10년 초과 20년 이내'라는 답은 8.0%에 그쳤다.

경제 전문가들은 주력 산업 경쟁력 약화의 주된 원인으로 '핵심 원천 기술 확보 미흡'(32.3%)을 첫손가락에 꼽았다. '중국의 급성장'(22.8%), '제품의 고도화 수준 미약'(15.5%), '인건비 상승, 엔저低 등 가격 경쟁력 약화'(15.3%), '대립적인 노

일반인 1000명 대상 설문
(단위:%)

한국 경제 주력산업에 대한 전망

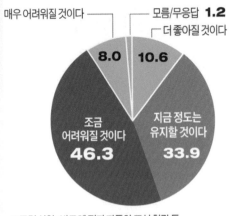

매우 어려워질 것이다 — 8.0
모름/무응답 1.2
더 좋아질 것이다 10.6
조금 어려워질 것이다 46.3
지금 정도는 유지할 것이다 33.9

※주력 산업 : 반도체 전자 자동차 조선 철강 등

한국 경제를 이끌 새로운 산업이나 동력이 보이지 않는다는 데 공감 여부

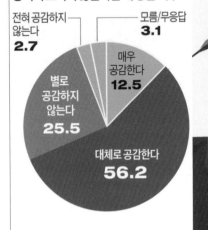

전혀 공감하지 않는다 2.7
모름/무응답 3.1
매우 공감한다 12.5
별로 공감하지 않는다 25.5
대체로 공감한다 56.2

중국 산업의 급격한 성장이 한국 경제에 미치는 영향

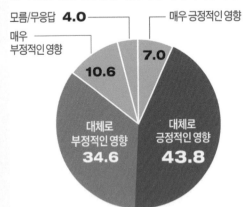

모름/무응답 4.0
매우 부정적인 영향
매우 긍정적인 영향 7.0
10.6
대체로 부정적인 영향 34.6
대체로 긍정적인 영향 43.8

경제만을 생각할 때 통일을 하는 것이 좋다고 보는가

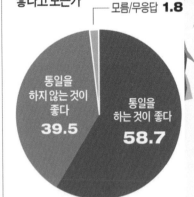

모름/무응답 1.8
통일을 하지 않는 것이 좋다 39.5
통일을 하는 것이 좋다 58.7

한국 주력 산업 국제 경쟁력 유지 예상 기간

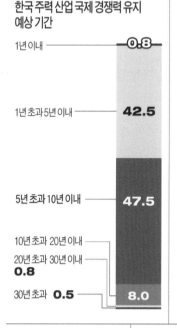

1년 이내 — **0.8**

1년 초과 5년 이내 — **42.5**

5년 초과 10년 이내 **47.5**

10년 초과 20년 이내
20년 초과 30년 이내 **0.8**

30년 초과 **0.5**

8.0

한국 주력 산업 경쟁력 약화의 주된 원인

32.3 — 핵심 원천 기술 확보 미흡

22.8 — 중국의 급성장

15.5 — 제품의 고도화 수준 미흡

15.3 — 인건비 상승, 엔저 등 가격 경쟁력 약화

— 대립적인 노사 관계

7.5 — 제조업 강국의 적극적 제조업 중시 전략

4.5 — 기타 **2.3**

신성장 산업이 주력 산업으로 성장하기까지 예상 소요 기간

5년 초과 10년 이내 **45.3**

10년 초과 20년 이내 **40.5**

1년 초과 5년 이내

20년 초과 30년 이내 **7.0**

5.0

30년 초과 **2.3**

신성장 산업 육성을 위해 가장 필요한 것은

37.0 전문인력 양성 등 인프라 구축 강화

35.8 — 핵심 기술 및 지식 확보

규제 개선 및 제도 정비

13.0 정부의 지속적·체계적 지원 정책

10.3 신시장 개척 지원 강화

2.3 기타

1.8

서비스산업 성장 지연의 주된 원인

33.0 정부의 지나친 간섭과 규제

30.5 관련 기술, 전문 인력 등 인프라 부족

관련 입법 처리 지연

12.0 분야별 맞춤형 지원 부족

10.3 서비스에 정당한 가격을 지불하지 않으려는 문화

7.3 제조업과 차별적인 지원 정책

2.5

4.5 — 기타

사관계'(7.5%) 등이 뒤를 이었다.

경제 전문가 대부분(92.7%)은 바이오·사물인터넷[IoT]·로봇·우주항공·의료 등 신성장 산업이 한국의 주력 산업으로 성장하는 데 오랜 시간이 걸릴 것으로 내다봤다. '1년 이내'라고 답한 사람은 한 명도 없었다. '5년 이내'란 응답자도 7.0%에 불과했다. '10년 이내'라는 응답이 45.3%로 가장 많았고 '20년 이내'라는 응답이 40.5%로 두 번째였다. '30년 이내'는 5%, '30년 초과'는 2.3%였다.

경제 전문가 대부분은 주력 산업이 10년 내 국제 경쟁력을 잃을 것으로 보고, 절반가량(47.8%)은 10년 이내 신성장 산업이 제 궤도에 오르지 못할 것이라고 관측하고 있는 셈이다. 이대로 가다간 우리 산업 전체가 글로벌 시장에서 설 자리를 잃게 될 것으로 보고 있다는 해석이 가능하다.

경제 전문가들은 신성장 산업 육성을 위해 '전문인력 양성 등 인프라 구축 강화'(37.0%)와 '핵심 기술 및 지식 확보'(35.8%)가 필요하다고 답했다. 신성장 산업 육성을 위해선 정부의 역할도 중요하다고 진단했다. '규제 개선 및 제도 정비'(13.0%) '정부의 지속적·체계적 지원 정책'(10.3%) 등 정부 역할을 강조하는 경제 전문가들이 20%를 웃돌았다.

경제 전문가들은 의료·관광 등 서비스산업의 성장이 지연되고 있는 이유로 '정부의 지나친 간섭과 규제'(33.0%)를 가장 많이 꼽았다. '관련 입법 처리 지연'(12.0%)과 '분야별 맞춤형 지원 부족'(10.3%)을 꼽은 사람도 많았다. '서비스에 정당한 가격을 지불하지 않으려는 문화'를 꼽은 전문가는 7.3%였다.

02

위기의 주력 산업

무섭다···반도체 육성하는 中國의 의지
두렵다···미래산업 키우는 日本의 열정

／ 　한국 수출의 약 30%를 차지하는 전자 · 자동차산업이 '중국발웋 위기론'에 떨고 있다. 과거 중국 상품의 무기는 가격 경쟁력이었다. 지금은 아니다. 소비자의 눈높이를 충족하는 기술까지 갖췄다는 평가다. 특히 한국의 1위 수출품목인 반도체 분야에서도 막강한 자금력을 앞세워 인수합병M&A을 이어가고 있다. 경쟁국인 일본은 정부의 규제 개선에 힘입어 안 되는 사업은 과감히 버리며 새 먹거리를 찾고 있다. 이대로는 현재 주력산업은 중국에, 미래 먹거리는 일본에 빼앗기는 것 아니냐는 우려가 커지고 있다.

"메모리, 10년 안에 따라잡힌다"

반도체산업 육성에 대한 중국 정부의 의지는 무서울 정도다. M&A 시장을 보면 잘 나타난다. 중국은 2015년 세계 2위 CMOS 이미지센서CIS 업체 옴니비전을 인수했다. 메모리반도체와 파운드리(반도체 수탁생산) 분야 세계 2위인 마이크론과 글

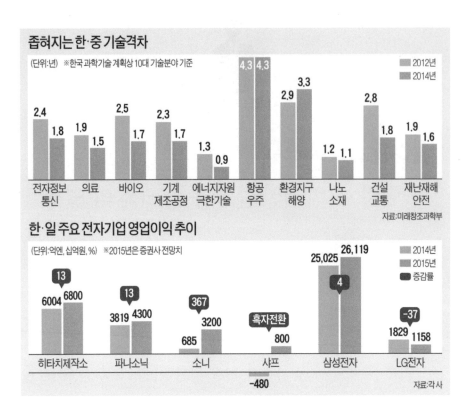

좁혀지는 한·중 기술격차

(단위:년) ※한국 과학기술 계획상 10대 기술분야 기준

■ 2012년
■ 2014년

전자정보통신	의료	바이오	기계제조공정	에너지자원극한기술	항공우주	환경지구해양	나노소재	건설교통	재난재해안전
2.4 / 1.8	1.9 / 1.5	2.5 / 1.7	2.3 / 1.7	1.3 / 0.9	4.3 / 4.3	2.9 / 3.3	1.2 / 1.1	2.8 / 1.8	1.9 / 1.6

자료:미래창조과학부

한·일 주요 전자기업 영업이익 추이

(단위:억엔, 십억원, %) ※2015년은 증권사 전망치

■ 2014년
■ 2015년
■ 증감률

히타치제작소	파나소닉	소니	샤프	삼성전자	LG전자
13	13	367	흑자전환	4	-37
6004 / 6800	3819 / 4300	685 / 3200	-480 / 800	25,025 / 26,119	1829 / 1158

자료:각사

로벌파운드리에도 인수 제안을 한 것으로 전해졌다. 매년 2000억달러(약 234조원)가 넘는 반도체 수입을 줄이기 위해 천문학적 돈을 투자하고 있다. 한국의 주력산업인 메모리반도체 분야에서도 BOE, XMC 등이 진출을 선언한 상태다. 삼성전자와 SK하이닉스가 메모리반도체 세계 1, 2위를 굳건히 지키고 있는 상황에서 중국발 위기론은 시기상조라는 분석도 있다. 그러나 전문가들의 생각은 다르다.

황철성 서울대 반도체연구소장은 "메모리반도체의 핵심 기술을 지닌 일본 엔지니어들이 지금 상당수 중국으로 넘어간 상황"이라며 "설계가 크게 어렵지 않기 때문에 단기간 대규모 투자를 하면 10년 이내에도 추격당할 수 있다"고 경고했다. 스마트폰, TV 등 완제품의 상황은 더욱 어렵다. 2012년까지만 해도 중국 스마트폰 시장 1위였던 삼성전자가 지금은 5위권 밖으로 밀려난 것이 대표적이다.

LG그룹의 기술개발을 총괄하는 이희국 (주)LG 기술협의회 의장은 "과거엔 중국 업체의 수준이 한국보다 떨어질 뿐 아니라 소비자의 기대치에도 못 미쳤다"며 "지금은 한국과 중국 제품 모두 소비자의 기대치를 어느 정도 충족하고 있어 기술보다는 가격이 판매에 더 중요한 변수"라고 설명했다.

현대·기아차 중국 점유율 10% 아래로

자동차산업의 전망도 밝지 않다. 세계 최대 시장인 중국에서 현대·기아자동차의 입지가 흔들리고 있는 게 단적인 예다. 2014년 6%를 넘던 현대자동차의 중국 시장 점유율은 2015년 들어 5%대로 떨어졌다. 4%에 육박하던 기아자동차 점유율은 3%대 초반으로 하락했다.

반면 중국 현지 업체들은 약진하고 있다. 현대·기아차 같은 해외 브랜드보다 30~40% 싼값에 차량을 내놓고 있어서다. 시장 점유율 3%대 초반으로 10위권 밖이던 창안長安자동차는 2015년 1~7월 점유율을 4.5%로 키웠다. 기아차를 넘어선 것은 물론 7위로 뛰어올라 4위인 현대차까지 위협하고 있다. 같은 기간 창청長城자동차도 기아차를 누르고 10위에서 8위로 상승했다. 이대로라면 현대·기아차의 연간 합산 점유율이 조만간 10% 아래로 떨어질 가능성이 크다.

고태봉 하이투자증권 기업분석팀장은 "중국 정부가 연안 대도시의 자동차 판매량을 규제해 현대·기아차를 비롯한 글로벌 자동차 업체들이 어려움을 겪는 것을 감안하더라도 중국 토종업체들의 추격 속도는 거센 편"이라고 말했다.

일본은 미래 먹거리 선점

일본의 분위기는 다르다. 한때 한국에 반도체, 스마트폰 등 주력 산업을 빼앗겨 고전하던 일본은 새로운 수익모델을 찾아 부활하고 있다. 기업들은 과감한 구조조정으로 기존 사업의 규모를 줄이고 신新시장에 뛰어들고 있다. 가전업계의 강자 소니가 TV를 분사하고 CMOS 이미지센서에 투자를 집중해 2015년 영업이익을 전년의 3배 이상 늘릴 것으로 전망되는 것이 대표적 사례다.

정부도 과감한 개혁으로 기업을 돕고 있다. 2015년 9월 파견근로자의 파견기 간(3년) 제한을 없애는 노동개혁 법안이 중의원을 통과했다. 미래 먹거리 창출을 위한 규제 혁파에도 앞장서고 있다. 로봇산업을 키우기 위해 고압가스 누출 확인을 사람이 아닌 로봇이 해도 되도록 법을 바꿨다. 로봇이 길에서 다닐 수 있도록 도로교통법을 완화하기도 했다.

 스웨덴 '말뫼의 눈물' …
이젠 '울산의 눈물'?

2015년 1~8월 울산의 현대중공업과 현대미포조선 협력업체 57곳이 문을 닫았다. 2014년 연간 폐업 회사 수(37개)를 훌쩍 뛰어넘었다. 2012년, 2013년(각각 18개)과 비교하면 3배 수준이다.

"지금의 위기를 극복하지 못하면 '말뫼의 눈물'은 우리의 눈물이 될 수 있다"(박 종봉 현대중공업 부사장)는 경고도 나온다. 말뫼의 눈물은 현대중공업이 2002년 스웨덴 코쿰스 조선소에서 단돈 1달러에 사들인 대형 크레인의 별명이다. 스웨덴 말뫼에 본사를 뒀던 코쿰스는 한때 세계 조선시장을 선도했지만 한국 업체의 약진에 밀려 문을 닫았다. 대형 크레인은 방치되다 현대중공업에 매각됐다. 스웨덴 국영 방송은 크레인이 배에 실려 사라지는 모습을 장송곡과 함께 보도하면서 "말뫼가 울었다"고 표현했다. 한국은 오랫동안 조선산업 1위 자리를 지켰다. 1999년부터 2007년까지 내리 9년 동안 수주잔량 1위를 차지했다. 세계 조선소 1~7위(수주잔량

기준)를 한국 조선소가 싹쓸이한 때(2006년)도 있었다. 하지만 2008년 중국에 밀려 수주잔량 2위로 떨어지면서 분위기가 바뀌기 시작했다. 연간 수주량 역시 2012년부터 2014년까지 중국에 1위 자리를 내줬다. 2015년 수주량은 1위로 다시 올라섰지만 세계 전체 발주량이 줄어드는 가운데 차지한 '불황형 1위'일 뿐이다. 조선 경기가 회복되면 곧바로 내려놓아야 할 타이틀이라는 게 업계의 분석이다.

철강업계도 위기다. 2015년 1~8월 철강 수출은 217억8700만달러로 전년 같은 기간보다 6.6% 줄었다. 포스코, 현대제철, 동국제강 등 국내 '빅3' 철강사의 2분기 매출은 전년 같은 기간보다 각각 8~9% 감소했다. 철강업계는 17년 만에 처음으로 '철강산업 경쟁력 강화 민간협의회'를 여는 등 위기 돌파를 위해 머리를 맞대고 있지만 전망은 암울하다. 철강업계 관계자는 "중국이 뉴노멀 시대를 맞아 철강업계 인수합병과 구조조정을 단행하고 양보다 품질을 높이기 위해 기술혁신을 하고 있다"며 "앞으로 고급강 시장까지 잠식당하면 철강업계가 얼마나 더 버틸 수 있을지 의문"이라고 말했다.

벼랑 끝 석유화학···
"선제적 구조조정 안 하면 공멸"

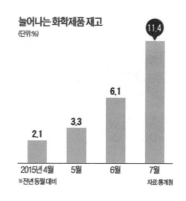

늘어나는 화학제품 재고
(단위:%)

2015년 4월 2.1
5월 3.3
6월 6.1
7월 11.4
※전년동월대비
자료:통계청

／　한국 석유화학산업은 2011년 사상 최대의 호황을 누렸다. 2008년 글로벌 금융위기로 한동안 중국, 중동지역의 설비 증설이 '올스톱' 되면서 석유화학제품의 공급이 극도로 위축된 게 영향을 미쳤다. 하지만 시장이 정상화된 2012년 이후 한국 석유화학산업은 지속적으로 내리막길을 걷고 있다. 2011년 총 5조 1032억원이던 LG화학, 롯데케미칼, SK종합화학 등 3개사의 영업이익은 2014년 2조206억원으로 급감했다.

수출 위축과 실적 악화로 어려움이 가중되자 석유화학업계 내부에선 "과연 한국 석유화학산업에 미래가 있는가"라는 비관론이 고조되고 있다. 비관론의 중심에는 한국 석유화학 기업의 최대 시장인 중국이 있다. 한국 석유화학제품 수출의 45%가 중국으로 나간다. 중국 정부는 앞으로 5년 이내에 평균 70% 수준인 주요 석유화학제품의 자급률을 100%로 끌어올린다는 목표를 세우고 자국 석유화학산업을 키우고 있다. 시노펙 등 중국 주요 석유화학 기업이 최근 3~4년간 한국 석유화학 기업의 생산설비보다 원가 경쟁력이 뛰어난 석탄, 에탄가스 기반의 생산설비를 지어 화학제품을 쏟아내고 있는 점도 부담이다.

윤상직 산업통상자원부 장관은 "석유화학 업계가 선제적 구조조정에 나서지 않으면 공멸할 수 있다"고 경고했다.

03

사라진 기업가 정신

위기의 시대, 이병철·정주영…
巨人들이 안 보인다

／　　삼성그룹이 반도체사업에 본격적으로 뛰어든 것은 1974년이다. 그후 64K D램이라는 그럴듯한 반도체를 개발한 것은 1983년이다. 꼬박 9년이 걸렸다. 현대자동차가 1967년 자동차 조립 사업을 시작한 뒤 최초로 국산 완성차인 포니를 생산한 것도 9년 만인 1976년의 일이다. 9년이란 짧지 않은 시간을 버틸 수 있었던 것은 창업주들의 집념 덕분이었다.

이병철 삼성그룹 창업주와 정주영 현대그룹 창업주의 도전 정신이 한국 전자·자동차산업의 밑거름이 된 것이다. 최근엔 이런 성공담을 듣기 어렵다. 힘든 창업보다 편한 취업을 선택하는 젊은이가 늘고 창업하더라도 당장 밥벌이에 급급한 생계형 창업을 택하고 있기 때문이다.

생계형 창업만 하는 한국

한동안 식었던 국내 창업 열기가 다시 달아오르고 있다. 한국은행이 발표한 2014

▲이병철 삼성그룹 창업주 ▶정주영 현대그룹 창업주

년 신설법인 수는 8만4697개로 사상 최대치를 기록했다. 종전 기록이었던 2013년 7만5578개보다 12% 늘었다.

그러나 속을 들여다보면 얘기는 달라진다. OECD가 2014년 국가별 생계형 창업 비중을 집계한 결과 한국이 1위였다. 한국의 2014년 창업 유형 중 생계형 창업 비중은 63%로 조사 대상 29개국 중 가장 높았다. 혁신 등이 필요한 기회추구형 창업 비중은 21%로 최하위였다.

기회추구형 창업이 줄면서 기업 생태계의 역동성도 사그라들고 있다. 2003년부터 2013년까지 한국 500대 기업 명단의 변화는 이런 사실을 여실히 보여준다. 10년 동안 새로 500대 기업 명단에 이름을 올린 순수 창업회사는 46개였다. 창업한 지 20년이 안 된 회사는 14개였다. 14개의 신규 기업 중 신기술과 신사업을 바탕으로 한 혁신형 기업은 네이버와 넥슨 정도밖에 없었다.

최성호 경기대 행정대학원 교수는 "도전과 모험 정신이 가장 왕성해야 할 청년층이 식당 같은 일반서비스 창업에만 관심을 두고 있다"며 "성장 가능성이 크고

경제 선순환에 기여할 수 있는 기술형 창업 중심으로 패러다임을 전환해야 한다"
고 강조했다.

역동적인 미국과 중국

한국과 달리 해외에선 혁신형 창업이 활발하다. 미국 경제주간지 포천이 선정한
글로벌 500대 기업 중 46%가 지난 10년간 교체됐다. 이 기간에 미국 50대 기업
중 66%가 종적을 감췄다. 애플과 아마존, 구글, 테슬라 같은 젊은 기업이 등장했
기 때문이다.

중국에서도 '도전의 아이콘'이 넘쳐나고 있다. 2014년 중국에 신규 등록한 업
체 수는 총 1292만개로 2013년보다 14.2% 증가했다. 최용민 한국무역협회 베이
징지부장은 "중국 내 모바일 · 인터넷 사용인구가 5억명이 넘을 정도로 전자상거
래가 급증하고 해외에서 유학생과 외국 자본이 동시에 유입되면서 창업 저변이
크게 넓어지고 있다"며 "정부가 행정규제 완화에 적극 나서고 있는 점도 창업 열
기를 달아오르게 하는 요인"이라고 말했다.

혁신성 측면에서도 한국은 샌드위치 신세가 되고 있다. 미국을 비롯한 선진국
은 새로운 혁신기업을 세워 더 멀리 도망가고 중국 등 개발도상국은 기술 개발을
통해 턱밑까지 추격하고 있다. 반면 한국은 제자리걸음이다. 대기업들은 10년 넘
게 신성장동력 발굴을 외치고 있지만 뚜렷한 미래 사업을 찾지 못하며 수년째 똑
같은 메뉴를 반복하고 있다. 벤처기업들은 혁신보다는 원가 절감을 통해 단기 이
익을 늘리는 데 집착하고 있다.

정준 벤처기업협회장은 "대기업은 안전한 사업만 하면서 현실에 안주하고, 벤
처기업은 혁신성을 잃고 있다"며 "국가 전체적으로 미래 성장동력을 발굴하기가
더욱 힘들어졌다"고 지적했다.

세계 호령하는 '게임 코리아' ?… '게임 차이나'에 뺏길 판

중국 최대 게임·인터넷회사인 텐센트는 2010년 이후 한국에서 넷마블게임즈(5300억원)와 네시삼십삼분(1300억원) 등 주요 게임사에 8000억원 이상을 투자했다. 국내 게임산업은 텐센트를 비롯한 중국업체

중국 텐센트가 투자한 한국 게임·인터넷 회사들 (단위:억원,%)	투자액	지분율	투자시기
넷마블게임즈	5300	28	2014년 3월
네시삼십삼분	1300	25 (추정)	2014년 11월
다음카카오	720	9.9	2012년 4월
파티게임즈	200	20	2014년 9월
카본아이드	100	10 (추정)	2014년 10월

들이 장악해나가고 있다는 분석까지 나온다. 수년 전만 해도 한국을 벤치마킹했던 중국이 거꾸로 한국 시장을 점령하고 있는 것이다.

운영체제[OS], 오피스(문서작성) 프로그램 등 순수 소프트웨어[SW] 분야뿐만 아니라 인터넷 게임 등 한국의 주력 SW산업도 흔들리고 있다. 자체 SW 경쟁력을 강화한 중국 기업의 침투와 구글, 페이스북 등 글로벌 회사의 공습에 국내 기업들이 설 자리를 잃어가고 있는 탓이다. 게임 분야에서는 고급 인력의 '중국 유출' 현상까지 나타나고 있다. 국내에 진출한 중국 게임사 관계자는 "경력이 많은 한국 개발자를 채용해 중국용 게임을 개발하고 있다"고 말했다.

웹브라우저, OS 등 순수 SW 분야는 격차가 더 벌어졌다. 한국인터넷진흥원[KISA]에 따르면 국내 PC OS 점유율은 마이크로소프트[MS] 윈도가 97.9%로 사실상 독점하고 있다.

전문가들은 한국의 SW산업을 이끌어나가기 위해서는 투자와 인력 확보가 시급하다고 말한다. 최근 '소프트웨어 전쟁'이란 책을 낸 백일승 더하기북스 대표는 "정부와 기업들이 소프트웨어 인력 양성에 적극 노력해야 한다"고 강조했다.

로봇 재배 토마토·빅데이터 활용 화훼
ICT 접목, 네덜란드 농업 활짝 피었네

네덜란드 수도 암스테르담에서 자동차로 1시간여를 달려 도착한 바헤닝언UR. 농업에 미래를 건 연구원들이 토마토 재배 로봇, 최상급 화훼 육종을 위한 빅데이터 연구를 하고 있었다. 이곳은 유럽 최고 농업 연구개발 교육기관이지만 흙과 작물을 찾아보기 어렵다. 대신 최첨단 건물과 초대형 컴퓨터가 즐비하다.

국립 농업 연구기관인 DLO와 국립대학인 바헤닝언대가 통합해 1997년 설립됐다. 응용연구와 대학의 기초연구가 시너지를 내면서 이 지역에 모여든 기업만 1200여개에 이른다. 네덜란드는 1990년대부터 기업 출연 연구소와 대학, 정부기관이 한데 모여 농업과 ICT 융합을 주도한 결과 현재 세계 원예 및 작물 종자·종묘 유통량의 40%를 점유하고 있다.

세계 각국은 이처럼 농업, 금융, 의료, 제조업 등 전통적인 산업에 ICT를 융합해 미래 성장동력으로 키우고 있다. 한국무역협회에 따르면 ICT 융합산업의 세계 시장 규모는 300조원을 넘어섰다. 2022년엔 1225조원에 이를 전망이다. 미국에서는 헬스케어와 ICT를 접목한 산업을 집중 육성하고 있다. 미국 정부는 2015년에 정보기술IT 헬스케어산업 활성화를 위한 예산을 2년 전에 비해 세 배 늘어난 38억달러로 확대했다. 이런 정책에 힘입어 현지에선 IT 헬스케어 스타트업(신생 벤처기업) 붐이 일고 있다. 선진국들은 ICT를 융합해 기존 산업의 저성장 돌파구를 찾고 있지만 한국은 아직 걸음마 단계다. 2014년 기준 세계 100대 핀테크 기업에 한국 기업은 한 곳도 들어 있지 않다. 2014년 한국 헬스케어 시장은 약 3억4000만달러로 세계 시장 규모의 0.84%에 그쳤다. 재계 관계자는 "한국은 정권이 바뀔 때마다 바이오산업, 녹색성장, 창조산업 등 주력 신성장산업이 계속 바뀌는 게 문제"라고 지적했다.

투자병원 안돼…
원격진료 안돼…
'10년 허송' 의료산업 현실

／　제주국제공항에서 자동차로 한 시간 거리에 있는 서귀포시 토평동 제주헬스케어타운. 서귀포시와 바다가 한눈에 내려다보이는 이곳에는 연면적 1만7000㎡, 47병상 규모의 녹지국제병원이 들어설 예정이다. 공사비 779억원은 중국 녹지그룹이 전액 투자한다. 제주도에선 2015년 7월 병원 건설 허가를 내줬다. 보건복지부의 사업계획 승인만 남겨두고 있다. 녹지국제병원이 설립되면 국내 1호 외국인 투자병원이 된다.

　하지만 제주 시민단체들의 반발이 거세다. 이들은 외국인 투자병원이 '의료 민영화'의 시발점이 될 것이라고 주장하고 있다. '국내 병원 영리화', '의료 공공성 붕괴', '의료비 폭등' 등 반대 논리를 펴며 집회도 마다치 않는다. 원희룡 제주지사는 "외국인 투자병원 설립은 제주도 관광의 질적 고급화를 위한 대안"이라며 "법적 타당성을 갖춘 사업인데도 시민단체들이 억지 논리로 도민들을 선동하고 있다"고 지적했다.

　한국의 의료산업은 차세대 먹거리로 손꼽힌다. 하지만 의료산업의 혁신과

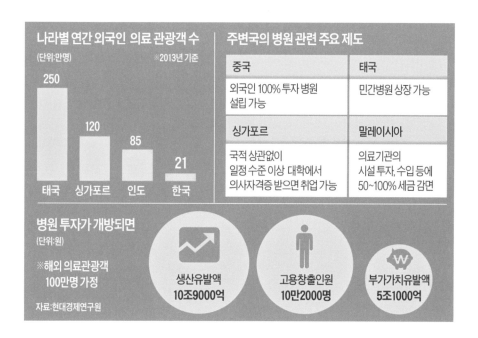

나라별 연간 외국인 의료 관광객 수

(단위:만명) ※2013년 기준

- 태국 250
- 싱가포르 120
- 인도 85
- 한국 21

주변국의 병원 관련 주요 제도

중국	태국
외국인 100% 투자 병원 설립 가능	민간병원 상장 가능
싱가포르	말레이시아
국적 상관없이 일정 수준 이상 대학에서 의사자격증 받으면 취업 가능	의료기관의 시설 투자, 수입 등에 50~100% 세금 감면

병원 투자가 개방되면

(단위:원)

※해외 의료관광객 100만명 가정

자료:현대경제연구원

- 생산유발액 10조9000억
- 고용창출인원 10만2000명
- 부가가치유발액 5조1000억

변화에 대한 요구는 대안 없는 반대에 무력하다. 세계적인 의료 기술과 서비스를 갖췄음에도 산업화에는 유독 뒤처진 이유다. 투자 개방형 병원 설립, 원격진료 도입 등은 논의된 지 10여년이 지났지만 여전히 그대로다. 그사이 중국, 태국, 인도 등 신흥국들은 규제를 적극 완화하고 해외 자본과 관광객을 끌어들이고 있다.

10년간 허송세월

인천시는 경제자유구역 송도에 10년 전 외국인 투자 종합병원 설립을 추진했지만 한 곳도 짓지 못했다. 2005년 뉴욕프레스비테리안병원, 2009년 미국 존스홉킨스병원, 2011년 일본다이와증권캐피털마켓 등 해외 병원 및 투자자들과 병원 설립을 위한 양해각서[MOU]를 체결했지만 번번이 무산됐다. 의사단체와 시민단체에서 '영리병원 논란'을 제기하면서 투자의 불확실성을 키웠기 때문이다.

경제자유구역에서 시범적으로 운영해보자는 제안은 통하지 않았다. '외국인 투자 허용→국내 병원 영리화→의료비 폭등→의료 공공성 붕괴→의료 민영화' 라는 반대 논리는 어김없이 등장했다.

태국 · 싱가포르 병원 상장도 가능

의료 민영화 같은 해묵은 논란이 10년 넘게 지속되는 동안 중국, 싱가포르, 태국 등 신흥국들은 외부 자본을 경쟁적으로 끌어들이고 있다. 2014년 중국 정부는 베이징, 톈진, 상하이 등 7개 지역에서 외국인 투자자가 병원을 단독으로 짓거나 기존 병원을 인수하는 것을 허용했다. 그동안 외국인 투자자는 병원 지분의 70%만 소유할 수 있었다. 외국인 투자자들이 중국인 파트너에게 휘둘리다가 사업을 철수하는 일이 많아지자 중국 정부가 규제 개선에 나선 것이다. 김남훈 법무법인 세종 변호사는 "한국 의료서비스에 대한 중국인들의 선호도가 높다"며 "중국 정부가 나서 투자 리스크를 줄여주기 위한 조치를 취한 것"이라고 전했다.

싱가포르와 태국은 이미 의료산업에서 한국을 앞선 지 오래다. 싱가포르와 태국 모두 민간병원의 증시 상장을 허용할 정도로 외부 투자에 개방돼 있다. 병원의 인수합병도 상대적으로 자유롭다. 해외 의료면허를 가진 국제 인력도 적극적으로 활용하고 있다. 싱가포르와 태국을 방문하는 의료 관광객은 각각 연간 250만명과 120만명에 달한다. 한국은 21만명에 그치고 있다.

정부 관계자는 "2005년 뉴욕프레스비테리안병원을 유치했다면 싱가포르 정도는 따라잡을 수 있었을 것"이라며 아쉬워했다. 현대경제연구원은 국내 병원에 대한 투자를 개방하면 생산유발액은 10조9000억원, 창출될 일자리는 10만2000개에 달할 것으로 내다봤다.

'공짜 서비스' 바라는 사회…
'알짜 서비스산업' 망친다

"자기 의견이 관철될 때까지 인정하지 않겠다는 것은 소수의 횡포 아닙니까."

제주도청 집무실에서 만난 원희룡 제주지사는 녹지국제병원 설립을 반대하는 시민단체를 강한 어조로 비판했다. 그는 "제주

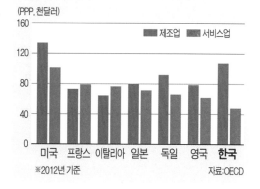

1인당 부가가치
(PPP, 천달러)

시민단체뿐 아니라 전국 의료단체에서 녹지국제병원 설립을 반대하고 있다"며 "제주도에 외국인 투자병원이 설립되면 전국으로 확대될 것이라는 주장은 비약"이라고 꼬집었다. 외국인 투자병원은 경제자유구역특별법, 제주도개발특별법 등에 근거해 특정 지역에서 제한적으로 설립할 수 있기 때문이다.

원 지사는 "공청회 등을 통해 정당하게 입법 절차를 거친 사업을 원점에서 다시 검토하자는 것은 하지 말자는 뜻 아니냐"며 "법이 정한 요건에 맞지 않으면 허가하지 않는 것은 당연하지만 병원 자체를 설립하지 말라고 주장하는 것은 지나치다"고 비판했다.

녹지국제병원은 2011년 제주도와 국토교통부 제주국제자유도시개발센터가 조성을 시작한 제주헬스케어타운 안에 설립되는 병원이다. 2017년 개원을 목표로 하고 있다. 원 지사는 저비용·패키지 관광객이 많은 제주에 고급 관광객을 끌어오기 위해 헬스케어 등 고급 서비스를 제공하는 시설이 있어야 한다고 판단했다.

농업 종사자가 많은 제주에서 '좋은 일자리'를 창출하는 방법 역시 관광의 질

을 끌어올리는 게 답이라는 것이다. 녹지그룹에 병원 설립을 제안한 것도 원 지사다. 그는 "리조트 호텔이 들어서는 헬스케어타운에 병원이 없으면 부동산 개발사업을 하는 것이나 마찬가지"라며 "관광의 고급화를 위해서는 병원 설립이 반드시 필요하다"고 말했다.

시민단체에서 비영리병원으로 운영하라고 요구하는 것에 대해서는 "이익을 가져가지 못한다면 어느 투자자가 투자하겠느냐"고 되물었다.

원 지사는 "의료 시장이 개방되고 경쟁이 치열해지는 과정에서 기존 의료 종사자들이 저항하는 것으로 보인다"며 "미래를 위해 대안을 가지고 합리적으로 토론할 때가 됐다"고 말했다.

05

위기의 금융산업

글로벌 50위 내 은행 '0' ···
'구멍가게' 금융산업

하영구 전국은행연합회장은 한
국씨티은행장 재직 시절인 2012년 미
국 씨티그룹의 아시아·태평양 전략회
의에서 얼굴을 들 수 없었다. 한국씨티
은행의 순이익이 급감하면서 씨티그룹
은 아·태 지역 실적발표 때 한국씨티
은행을 포함한 경우와 제외한 경우를
따로 집계했다. 한국씨티은행 탓에
아·태 지역 전체 수익성이 악화된 것

경쟁력 떨어지는 한국 금융

GDP 순위		은행 순위	
한국	11위	스페인	15위
호주	12위	스위스	27위
스페인	14위	네덜란드	32위
러시아	15위	러시아	43위
네덜란드	18위	호주	45위
스위스	19위	스웨덴	52위
스웨덴	25위	싱가포르	58위
덴마크	38위	덴마크	60위
싱가포르	39위	**한국**	62위

※은행 순위는 영국 '더 뱅커' 선정 해당 국가 내 1위 은행 기준
※2015년 기준

처럼 보이는 걸 막기 위해서다. 2013년과 2014년 회의 때도 마찬가지였다. 하 회
장은 "국내 다른 은행과는 수익성에서 큰 차이가 없는데 그룹 내 아시아권에선
최하위였다"며 "한국은 세계 11위 경제 대국인데 은행 수익성은 왜 평균을 깎아
먹느냐는 지적을 받는 것 같아서 부끄러웠다"고 털어놨다.

중국, 인도에도 밀리는 경쟁력

한국 금융산업의 현실은 초라하다. 대표주자인 은행만 봐도 그렇다. 전체 국내 은행의 순이익은 2011년 14조7000억원에서 2012년 9조8000억원, 2013년 4조8000억원으로 급감했다. 2014년 8조4000억원을 기록했지만 18곳에 달하는 은행들이 거둔 수익 치고는 초라하다. 2014년 말 기준 총자산순이익률ROA은 0.31%였다. 5% 이상의 ROA를 기록 중인 삼성전자, 현대자동차 등 제조업체와는 비교할 수 없는 수준이다.

글로벌 은행과 비교해보면 경쟁력 차이는 확연하다. 영국 금융전문지 더 뱅커The Banker가 선정한 '2015 글로벌 1000대 은행 순위(기본자본 기준)'에서 50위권에 든 국내 은행은 단 한 곳도 없다. 산업은행이 62위, 국민은행이 65위, 신한은행이 69위에 올랐을 뿐이다. 반면 중국은 공상은행이 세계 1위에 오른 걸 포함해 4개 은행이 10위권에 이름을 올렸다.

혁신 없는 우물 안 개구리

한국 금융산업 경쟁력이 떨어지는 이유는 혁신이 없기 때문이라는 게 일반적 평가다. 은행 등 금융회사들은 상품이나 서비스의 질적 혁신 없이 양적 경쟁만 추구한다. 김영도 금융연구원 연구위원은 "금융회사들이 새로운 상품과 서비스로 수익을 올리려면 그만큼 위험을 감수해야 한다"며 "인·허가(라이선스)를 가진 금융회사들이 예대마진으로도 충분히 돈을 벌 수 있기 때문에 굳이 위험을 감수하려 들지 않는 것"이라고 말했다.

리스크를 회피하려는 한국 금융사들의 모습은 은행 주택담보대출 증가에서 찾을 수 있다. 주택담보대출 잔액은 2005년 말 208조원에서 2014년 말 365조원으로 10년 만에 두 배 가까이로 늘었다. 반면 IB(투자은행)나 해외 금융사 인수합병

실적은 초라하다. 2014년 말 이후 국내 금융그룹들이 동남아 현지 은행을 인수하고 있지만 대부분 현지에서 100위권 밑에 있는 소규모 은행들뿐이다.

금융 경쟁력 갉아먹는 '관치'

금융을 산업이 아닌 공공재로 취급하는 정부도 문제다. 금융회사들을 '정부의 2중대' 정도로 생각하는 이른바 관치의 잔재가 여전히 남아 있다. 2015년 4월 금융위원회가 시행한 안심전환대출이 대표적이다. 은행들이 변동금리·일시상환 방식으로 빌려준 대출을 고정금리·분할상환 대출로 바꿔주는 게 안심전환대출이다. A금융지주 고위 관계자는 "상반기 내내 외국인 주주들에게 왜 은행이 손해를 보면서 안심전환대출을 해줬는지 설명하느라 진땀을 뺐다"고 귀띔했다.

연구비 따려 논문만 양산…
"써먹을 성과 없다"

논문 수로 평가
SCI 등재 논문 수 세계 12위 … 인용 순위는 낮아

정부 출연연구기관에서 연구원으로 일하는 A씨는 입사 후 첫 과제를 받고 깜짝 놀랐다. 대학원 시절 자신이 했던 연구와 거의 비슷한 수준이었기 때문이다. 국제학술지에는 이미 비슷한 논문이 여러 편 발표됐지만 과제를 기획한 책임연구원급 박사는 과제 수행에 실패하면 연구비를 딸 수 없다며 실험 내용 일부만 바꿔 과제를 신청했다. A씨는 "보신주의 연구가 이 정도로 심한지 몰랐다"고 말했다. 이는 국내에 만연해 있는 논문 중심 평가 문화의 단적인 사례에 불과하다.

논문 수 중심의 평가는 한국 과학기술 발전의 밑거름이 됐다. 하지만 이제는 연구 품질을 고려하기보다는 논문만 양산하는 기현상이 벌어지고 있다. 좀처럼 끊이지 않는 논문 표절도 논문 수 중심 평가가 만든 악순환이란 지적이 많다. 2013년 한국이 발표한 국제과학논문인용색인SCI 등재 논문 수는 세계 12위에 올

랐지만, 10년간 피인용 상위 1% 논문 수 순위는 15위에 머물렀다. 자주 인용되는 논문이 상대적으로 적다는 뜻이다. 정부는 올해부터 성과 평가 방식을 양^量에서 질^質 중심으로 바꾸겠다고 발표했다. 하지만 상당수 대학과 출연연은 여전히 SCI 논문 수를 주요 업적으로 평가하고 있다.

과학자 아닌 관료가 정책 주도…
R&D 예산 집행 공무원이 '좌지우지'

기초과학 연구의 집행과 정책 설정을 국립과학재단^{NSF}에 맡긴 미국과 달리 국내는 기초과학부터 응용기술 연구까지 공무원들이 모든 R&D 예산 집행 권한을 쥐고 있다. 한국과학기술기획평가원^{KISTEP}에 따르면 R&D사업 기획 과정에서 이해 당사자 의견 반영 정도를 분석한 결과 공무원 의견의 반영 정도가 72%로 가장 높게 나타났다. 공무원들이 성과에 쫓길 경우 얼마든지 연구 성과 부풀리기 유혹에 빠질 수 있는 구조다.

정권마다 바뀌는 연구 방향…
줄기세포 → 녹색 → ICT 로 지원 쏠려

최근 10년간 한국의 과학 정책은 갈피를 잡지 못하고 있다. 노무현 정부에서는 줄기세포 연구를 밀었고, 이명박 정부는 녹색 성장을 내세우며 친환경기술 개발에 드라이브를 걸었다. 이어 들어선 박근혜 정부는 정보통신기술과 융합을 우선 과제로 내세웠다. 정권마다 자신의 색깔을 내는 정책에 자원이 쏠리다 보니 장기 지원이 필요한 연구에 대한 지원은 줄어 줄기세포와 친환경기술은 미국과 일본, 중국에 자리를 내주고 말았다. 강성모 KAIST 총장은 "과학 정책이든, 인재 육성이든 한쪽으로 쏠리면 탈이 나기 마련"이라고 말했다.

방향성 잃은 출연연구소…
실험실에 안주, 기업·시장과 괴리 커져

박희재 산업통상자원부 R&D 전략기획단장은 "한국의 공공 R&D가 기업, 현장,
시장과 괴리가 있다"고 지적했다. 실험실 바깥으로 나가려 하지 않고 과학기술의
틀 안에서 안주하려 한다는 지적이다. 출연연은 산업화 초기에 한국의 과학기술
수준을 선진국 수준으로 끌어올리는 데 결정적 역할을 했다. 그러나 이제는 국내
기업이나 대학 연구능력이 크게 향상되면서 상용화 분야에서는 오히려 출연연을
능가한다. 미국처럼 융합형 연구를 통해 재난재해, 국방 등 파생 가능성이 큰 연
구를 통해 산업 파급력을 확보해야 한다는 지적이다.

샐러리맨 전락한 연구자들…
방만 경영 공기업과 동일한 취급 '불만'

최근 한국과학기술연구원KIST 등 주요 출연연에는 정년 단축, 임금피크제 반대를
내용으로 하는 플래카드가 나붙었다. 정부가 공공기관에 대한 임금피크제 도입
을 추진하면서 연구자들이 반발하고 나선 것이다. 출연연은 1990년대 후반 외환
위기 때 한 차례 뼈를 깎는 구조조정을 거쳤다. 당시 연구원 수천 명이 일자리를
잃었으며, 자녀의 대학 학자금 지원도 모두 사라졌다. 박근혜 정부 들어서도 방
만·부실 경영을 일삼은 일부 공기업과 한데 묶여 울며 겨자먹기 식으로 방만 경
영 해소안까지 제출해야 했다. 최근 상황이 외환위기 때처럼 이공계 기피현상을
불러오지 않을까 과학계 관계자들은 우려하고 있다.

PART 5

청년
울리는
노조

"대기업 노조가
청년 일자리 뺏고 있다"

대한민국의 미래를 어둡게 하는 가장 큰 요인 중 하나는 노동시장의 후진성이다. 세계경제포럼WEF이 매년 매기는 국가경쟁력 순위에서 한국(26위, 2015년 기준)이 대만(15위), 말레이시아(18위)보다 뒤처진 것도 '노동시장 효율성'이 낮기 때문이다. 한국 노동시장 효율성은 144개국 중 86위로 중하위다.

노동시장 후진성은 낮은 생산성으로 인한 기업들의 경쟁력 약화, 정규직 과보호에 따른 노동시장 양극화로 이어진다. 특히 전체 근로자 중 10%가량을 차지하는 대기업 정규직 노조 중심의 현행 근로체계가 정규직과 비정규직, 대기업 근로자와 중소기업 근로자 간 격차를 벌리고 있다는 게 전문가는 물론 일반 국민의 인식이다. 미래를 짊어질 청년층이 취업난으로 고통을 겪고 있는 것도 이와 무관하지 않다는 평가다.

이 같은 인식은 한국경제신문이 한국리서치와 공동으로 국민 1000명을 대상으로 조사한 '노동 분야' 설문 결과에서도 극명하게 나타났다. '대기업 정규직 노조가 청년층 취업에 부정적인 영향을 미치고 있다'는 의견에 '매우 그렇다'는 응

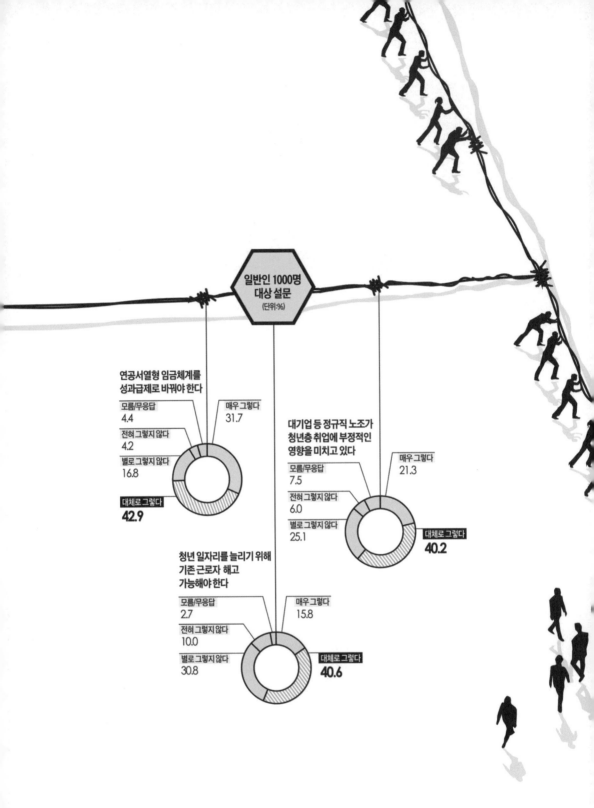

일반인 1000명 대상 설문
(단위:%)

연공서열형 임금체계를 성과급제로 바꿔야 한다
- 모름/무응답 4.4
- 전혀 그렇지 않다 4.2
- 별로 그렇지 않다 16.8
- 매우 그렇다 31.7
- 대체로 그렇다 **42.9**

대기업 등 정규직 노조가 청년층 취업에 부정적인 영향을 미치고 있다
- 모름/무응답 7.5
- 전혀 그렇지 않다 6.0
- 별로 그렇지 않다 25.1
- 매우 그렇다 21.3
- 대체로 그렇다 **40.2**

청년 일자리를 늘리기 위해 기존 근로자 해고 가능해야 한다
- 모름/무응답 2.7
- 전혀 그렇지 않다 10.0
- 별로 그렇지 않다 30.8
- 매우 그렇다 15.8
- 대체로 그렇다 **40.6**

답이 21.3%, '대체로 그렇다'는 응답이 40.2%였다. 응답자의 61.5%가 청년 취업난을 악화시키는 요인 중 하나로 대기업 정규직 노조를 꼽았다. '그렇지 않다'는 응답은 31.1%에 그쳤다.

박지순 고려대 법학전문대학원 교수는 "고임금을 받으면서 해고를 원천적으로 할 수 없게 하고 정년까지 보장받는 대기업 정규직 노조의 행태가 근로유연성을 떨어뜨려 결과적으로 청년층의 신규 노동시장 진입을 막는 요인이라는 인식이 팽배하다는 의미"라고 설명했다.

노동계가 강하게 반대하고 있는 '일반 해고 요건 완화'에 대해서도 국민 절반 이상은 청년실업을 해결하기 위해 필요하다는 의견을 나타냈다. 현행 근로기준법은 경영자의 필요에 따른 해고를 엄격히 제한하고 있다. '청년 일자리를 늘리기 위해 기존 근로자의 자율 해고가 가능해야 한다'는 의견에 '그렇다'는 답변이 56.4%로, '그렇지 않다'는 답변(40.8%)보다 많았다. 저低성과자나 업무 부적응자에 대한 해고 요건 완화는 최근 노사정위원회에

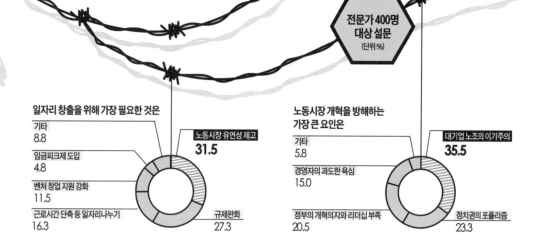

전문가 400명
대상 설문
(단위:%)

일자리 창출을 위해 가장 필요한 것은

기타
8.8

임금피크제 도입
4.8

벤처 창업 지원 강화
11.5

근로시간 단축 등 일자리나누기
16.3

노동시장 유연성 제고
31.5

규제완화
27.3

노동시장 개혁을 방해하는 가장 큰 요인은

기타
5.8

경영자의 과도한 욕심
15.0

정부의 개혁의지와 리더십 부족
20.5

대기업 노조의 이기주의
35.5

정치권의 포퓰리즘
23.3

서도 핵심 과제로 논의됐지만 노조 측 반대로 합의를 이루지 못했다. 정부는 법 개정 대신 일반 해고 지침을 마련해 가이드라인으로 제시할 방침이지만 이 또한 노조의 사전 동의를 거치도록 했다.

경제전문가 400명을 대상으로 한 설문조사에서도 일자리 창출을 위해 필요한 과제로 '노동시장 유연성 제고'를 꼽은 응답이 31.5%로 가장 많았다. 이어서 '규제 완화'(27.3%), '근로시간 단축 등 일자리 나누기'(16.3%), '벤처기업·창업 지원 강화'(11.5%) 등의 순이었다.

능력에 상관없이 근무 연한에 따라 자동으로 올라가는 현행 임금체계도 개편해야 한다는 목소리가 많았다. 일반 국민 여론조사에서 '연공서열형 임금체계를 성과급제로 바꿔야 한다'는 의견에 '그렇다'는 답변이 74.6%에 달했다. '그렇지 않다'는 21.0%에 그쳤다. 임금피크제 도입에는 66.0%가 찬성했다.

노동개혁을 방해하는 가장 큰 요인을 묻는 질문에는 '대기업 노조의 이기주의'를 꼽은 응답이 35.5%로 가장 많았다. '정치권의 포퓰리즘'(23.3%), '정부의 개혁 의지와 리더십 부족'(20.5%), '경영자의 과도한 욕심'(15.0%) 등이 뒤를 이었다.

청년 백수의 '타는 목마름'

"내 발길은 너를 찾아 헤맨 지 너무도 오래…아! 일자리여"

／　서울의 한 명문대학을 졸업한 이모씨(29). 이씨가 졸업을 앞두고 취업을 위해 입사원서를 낸 회사는 무려 50여곳에 이른다. 삼성, 현대자동차, LG, SK 등 내로라하는 대기업에 죄다 원서를 냈다. 취업을 위해 1년간 졸업유예를 했기 때문에 낮에는 아르바이트를 하고 저녁에는 자기소개서를 썼다. 몸은 피곤했지만 몇 개월 뒤면 아르바이트생이 아닌 정규직이 될 수 있다는 희망을 안고 자소서를 열심히 작성했다. 하지만 결과는 50전 50패였다.

그는 어려운 가정형편 때문에 장학금을 받기 위해 대학 생활의 낭만은 포기하며 살았다. 하숙비를 벌기 위해 편의점, 영화관, 택배사, 언론사 인턴 등 아르바이트를 쉰 적이 없었다. '누구보다 열심히 살아온 결과가 취업 낙오자라니…' 이씨는 현실을 인정하기가 너무 고통스러웠다. 지난 추석 때는 고향에도 못 내려갔다.

3년째 취업준비생인 서모씨(28)는 극심한 스트레스 탓에 최근 '취업병'을 얻었다. 중견기업으로 눈높이를 낮춰 어렵게 잡은 최종 면접을 앞두고 안면마비 증세

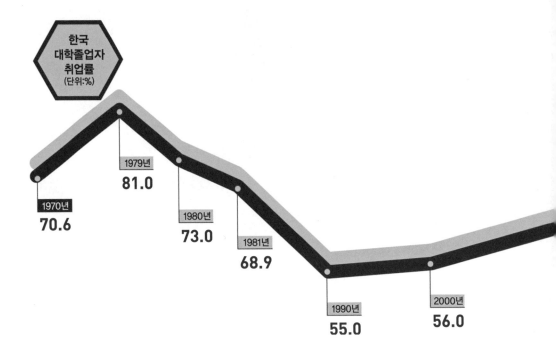

한국 대학졸업자 취업률 (단위:%)

1970년
70.6

1979년
81.0

1980년
73.0

1981년
68.9

1990년
55.0

2000년
56.0

가 나타나 면접장에 가지도 못했다. 졸업 후 취직을 못해 부모님에게 죄송스러운 마음인데, 병원비까지 부담을 지워야 하는 신세가 고달프기만 하다.

2014년 4년제 대학 졸업자의 취업률은 54.8%였다. 대졸자의 절반 가까이가 사회 진입 단계부터 '낙오자'로 출발하는 셈이다. 3포세대, 5포세대를 넘어 N포세대로 불리는 청년 실업자가 넘쳐나면서 희망이 사라진 자리에 분노와 눈물이 가득 차고 있다. 통계청이 발표하는 청년층의 실업률은 10~11% 수준이다. 실업 통계에 안 잡히는 구직 포기자까지 감안하면 15%를 넘을 것이란 게 정부 추산이다. 청년 실업률 두 자릿수는 과거 고성장 시대에는 한 번도 경험하지 못한 것이다.

시점을 거슬러 올라가 1980년대. 당시 시대 분위기를 반영하듯 대학생들의 관심은 온통 민주화였다. 1987년 6월 민주화 운동 때는 모두가 거리로 뛰어나갔다. '타는 목마름으로'를 부르며 민주주의를 외쳤다. 그러면서도 한쪽에는 안도와 희망이 있었다. 경제는 고속성장을 했고, 일자리도 부족하지 않았다. 4년 내내 도서

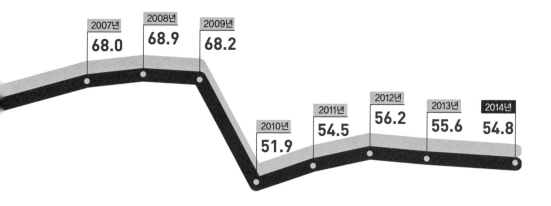

2007년
68.0

2008년
68.9

2009년
68.2

2010년
51.9

2011년
54.5

2012년
56.2

2013년
55.6

2014년
54.8

관 한 번 가지 않고도 졸업만 하면 웬만한 기업에 취직할 수 있었다. 당시 대졸자 취업률은 70~80%대로 지금보다 20~30%포인트 높았다.

반면 2015년 청년 세대의 현실은 암울하기 짝이 없다. 1980년대에 대학을 다닌 이홍균 롯데면세점 대표는 "민주주의를 외치며 거리를 가득 메웠던 1980년대와 달리 지금 대학생들은 취업설명회가 열리는 곳마다 구름처럼 몰린다"며 "일자리가 청년층의 최대 관심사이자 삶의 목표가 돼버렸다"고 말했다.

30년의 간극에 어떤 일이 벌어진 걸까. 대학 졸업생 숫자는 연간 10만명 선에서 지금은 35만명 수준으로 세 배 이상 늘었다. 1980년대 이후 대학진학률이 급격히 높아진 것이 요인이다. 반면 경제 성장 속도가 느려지면서 일자리는 그만큼 늘어나지 않았다.

하지만 청년 실업난을 키운 근본 요인은 다른 데 있다는 게 전문가들 지적이다. 이형준 한국경영자총협회 노동정책본부장은 "1980년대 후반 민주화 흐름에 따라 노동운동이 크게 확산됐고, 이를 계기로 노동법제가 기득권 근로자에게 크게 유리하게 바뀐 것이 노동시장 신규 진입을 막는 구조적 요인이 됐다"고 말했다. 이 본부장은 "특히 대규모 사업장을 중심으로 결성된 뒤 전국 단위로 세를 합친 대기업 정규직 노조가 기득권 세력의 중심에 있다"고 지적했다.

고임금을 받으면서 해고는 원천적으로 막고 정년까지 보장받는 것도 부족해 자녀에게 일자리 대물림까지 하는 대기업 정규직 노조의 '기득권 지키기'가 청년들의 일자리를 빼앗고 있다는 것이다.

이는 청년 실업자들이 누구보다 잘 알고 있다. 한국경제신문이 일반 국민 1000명을 대상으로 한 여론조사에서도 '대기업 정규직 노조가 청년층 취업에 부정적인 영향을 미치고 있느냐'는 질문에 2030세대의 57%가 '그렇다'고 대답했다.

정규직 과보호 그늘 속…
늘어나는 '未生의 눈물'

／　현대·기아자동차 노동조합 조합원은 자녀 셋까지 대학 학자금을 전액 회사에서 지원받는다. 2015년 기준 4년제 대학 평균 한 해 등록금이 636만원이라는 점을 감안하면 대학생 자녀 한 명에 2500만원가량, 세 자녀라면 7500만원에 달하는 복리후생을 누리는 셈이다. 두 회사 노조는 그럼에도 임금·단체협상에서 대학 학자금 지원을 '모든 자녀'로 늘려달라고 요구하고 있다.

'대기업·유有노조·정규직'과 '중소기업·무無노조·비정규직' 간 근로조건 격차가 갈수록 심각해지고 있다. 임금뿐 아니라 복지에서도 차이가 크다. 대기업·공기업 노조는 좋은 근무조건을 자녀들에게 대물림하기 위해 단체협약에 고용 승계 조항을 넣는 경우도 많다.

한국노동연구원에 따르면 대기업 임금을 100으로 봤을 때 중소기업의 상대임금은 2003년 58.7에서 2014년 54.4로 내려갔다.

2014년 기준 '대기업·유노조·정규직' 근로자 수는 136만명으로, 전체 근로자 1839만명의 7.4%다. 이들이 받는 평균 월급은 392만원이다. 가장 취약한 집단인 무노조·중소기업·비정규직 근로자는 485만명에 달한다. 하지만 월급은 134만원, 3분의 1 수준이다.

전국경제인연합회가 자동차·정유·조선 등 주요 제조업 부문에서 10대 대기업의 단체협약을 분석한 결과, 8개사가 노조 조합원 자녀의 학비를 지원해주는 규정이 있었다. '고용 세습' 규정을 둔 회사도 많았다. 10개사 중 9개사는 신규 채용 시 정년퇴직한 조합원이나 장기 근속한 조합원의 자녀를 우대하거나, 같은 조건이면 조합원 자녀를 우선 채용하게 하는 내용이 단협에 들어 있었다.

고용노동부가 실시한 전국 단체협약 실태 분석에 따르면 조사 대상 727개 기업 가운데 공기업 120여곳을 제외한 600여개사 단협 중 29%인 180여개에 직원 가족의 채용 특혜를 보장하는 세습 조항이 들어 있다. A타이어에서는 정년퇴직자 직계가족에 대한 우선 채용 조항이 명시돼 있고, B자동차에선 정년퇴직 후 1년 이내인 근로자의 직계비속을 우선 채용한다고 단협에 규정돼 있다. C자동차는 25년 이상 장기근속 근로자 자녀 중 한 명을 우선 채용 대상으로 적시하고 있다. 대기업 정규직 노조원에 대한 보호 수준이 올라갈수록 기업은 보호 수준이 낮은 비정규직 활용을 늘릴 수밖에 없다. 이 때문에 정규직 자리가 줄어드는 악순환이 반복된다는 분석이다. 전문가들은 "대기업·정규직 근로자에 대한 보호는 낮추고 중소기업·비정규직 근로자 보호를 높이는 것이 노동시장 개혁의 핵심"이라고 강조한다.

김영배 한국경영자총협회 상임부회장은 "최근 노·사·정 합의에서 일반해고와 취업규칙 변경을 통해 정규직 과보호를 해소할 수 있는 단초가 마련된 만큼 앞으로 꾸준한 노동개혁을 통해 노동시장 이중구조를 해소해야 한다"고 말했다.

"적자인데 임금 올려달라니…
한국서 사업하는 건 미친 짓"

／　세르지오 호샤 한국GM 사장은 최근 "한국의 노동조합은 회사를 싸워서 이길 대상으로만 여긴다"고 말했다. 비단 호샤 사장만이 아니다. 강성 노조의 투쟁에 지쳐 한국을 떠났거나, 철수를 검토하는 외국 기업 대부분은 비슷한 하소연을 한다. 강성 노조와 함께 너무 빠른 속도로 오르는 인건비도 외국 기업들을 한국에서 떠나게 한다. 최저임금은 2000년 이후 세 배 넘게 상승했다. 세계 각지에서 공장을 돌리는 글로벌 기업들은 더 이상 한국 공장을 운영할 필요성을 느끼지 못한다. 한국 기업들마저 국내 투자를 늘리지 않고 있다. 이대로 가다간 10년 후에는 국내외 기업들의 '탈脫한국 러시'가 극에 달해 한국에 본사를 둔 기업이 사라질지 모른다는 위기감마저 감돌고 있다.

고비용·저생산성의 한국

한국GM은 연매출 12조원이 넘는 국내 최대 외국 기업 중 하나다. 한국 시장 연간 판매량은 15만대가량이다. 한국GM 모기업인 미국 제너럴모터스^{GM}에도 중요한 시장이다. 하지만 한국GM의 '철수설'은 회사의 부인에도 불구하고 끊임없이 제기되고 있다. 생산량과 수출량이 계속 줄고 있어서다. 2011년 81만대였던 연간 생산량은 2014년 62만대로, 수출량은 65만대에서 47만대로 감소했다.

원인은 인건비다. 한국GM의 최근 5년간 인건비는 50% 올랐다. GM 본사는 세계 30개국 150여개 공장에서 차량을 생산한다. 생산비용은 150개 공장에 생산 물량을 배정하는 핵심 기준이다. 한국GM이 속한 GM해외사업부는 소속 26개 공장을 대당 제조비를 기준으로 고비용 20%, 중비용 40%, 저비용 40% 등 3단계로 분류한다. 제조비는 부품 등 원재료를 제외한 생산 비용으로 인건비가 가장 큰 몫을 차지한다. 한국GM 소속 4개 공장은 모두 고비용 공장에 속한다. 선진국 공장들보다 높다. 반면 생산성은 인도 등 경쟁 국가들에 뒤처진다. 이 같은 추세가 계속되면 한국GM은 철수가 불가피한 상황에 봉착할 수밖에 없다는 게 업계의 관측이다.

기업들 잇따른 한국 철수

강성 노조도 한국을 등지게 하는 요인이다. 한국의 높은 기술력과 중국·일본 시장 접근성을 보고 투자했다가 강성 노조와의 갈등 끝에 결국 철수한 사례가 적지 않다.

자동차 금속부품용 금형 제조업체 깁스코리아가 대표적이다. 깁스코리아는 미국 깁스가 1999년 당시 만도기계의 금형사업부를 인수해 출범했다. 2006년까지 흑자를 내다가 2007년부터 적자로 돌아섰다. 하지만 민주노총 소속 노조는 파업을 앞세워 임금 인상을 지속적으로 요구했다. 2011년 51억원의 순손실이 났음에도 불구하고 2012년 임단협에서 노조는 기본급 15만원(7.7%) 인상을 요구했다.

미국 깁스 본사는 회사 매각을 추진했다. 인수 의사를 밝힌 기업도 나왔다. 하

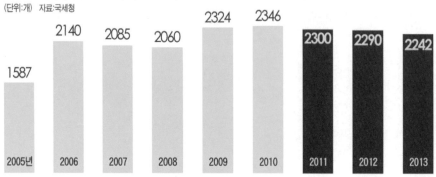

2010년 이후 줄어드는 한국내 외국기업

(단위:개) 자료:국세청

- 2005년: 1587
- 2006: 2140
- 2007: 2085
- 2008: 2060
- 2009: 2324
- 2010: 2346
- 2011: 2300
- 2012: 2290
- 2013: 2242

지만 노조가 이전 모기업인 만도에 매각해야 한다고 주장하는 바람에 거래가 불발됐다. 회사는 결국 2012년 3월 노조 등에 폐업을 통보했다. 노조는 폐업 통보를 받고도 전면파업에 들어갔다. 주채권은행인 당시 외환은행이 4월23일 깁스코리아를 최종 부도 처리하면서 노조원 100여명은 일자리를 잃었다.

인건비보다 무서운 노사 관행

불합리한 노사 관행은 기업들이 가장 두려워하는 요소다. 당장 임단협 주기가 세계에서 가장 짧다. 노무관리 비용이 더 들 수밖에 없다. 호샤 사장은 "GM이 공장을 둔 세계 30개국 가운데 매년 임금교섭을 하는 곳은 한국이 유일하다"며 "매년 2~3개월을 임단협에 매달리느라 치러야 하는 비용이 너무 크다"고 말했다. 에이미 잭슨 주한미국상공회의소AMCHAM 대표도 "회사의 경영 상황에 상관없이 매년 월급이 무조건 올라야 한다고 생각하면서 노사협상을 하는 나라는 한국뿐"이라고 지적했다.

잭슨 대표는 "수십년간 노사 합의로 정해오던 통상임금이 한순간에 대법원 판결로 뒤집히고 최저임금도 물가상승률을 반영하지 않고 대폭 오르는 등 제도적인 불확실성이 크다"며 "이런 상황에서 장기적인 투자를 계획하기 힘들다"고 털어났다. 이런 이유로 2010년부터 매년 평균 1000억원씩 한국에 투자하던 기업이 불확실성 때문에 최근 투자를 중단한 사례도 있다고 그는 소개했다.

거꾸로 가는 노동법

"경영난으로 회사 문 닫게 생겨도 근로조건 못 바꿔"

/　"세상은 하루가 다르게 변하고 있는데, 노동법만은 하나도 안 변했죠. 아니 오히려 거꾸로 가고 있다고 봐야 할 겁니다."

경제사회발전노사정위원회에서 노동시장 구조 개혁 논의에 참여한 한 관계자의 말이다. 120차례가 넘는 회의 끝에 이제 겨우 '가이드라인'을 내는 데 합의한 취업규칙 변경 요건이 대표적이다. 취업규칙이란 사업장 내 근로자의 복무규율과 임금 등 근로조건에 관해 사용자가 작성한 규범을 말한다.

1953년 제정된 근로기준법은 '과반수 노조가 없는 경우 근로자 과반수를 대표하는 자의 의견을 들어야 한다'고 규정했으나, 1989년 법이 개정되면서 '대표'라는 단어는 빠지고 '근로자 과반수의 의견을 듣고, 근로자에게 불이익이 되게 변경하는 경우에는 동의를 얻어야 한다'고 바뀌었다. 근로자 입장에서 임금·근로조건이 후퇴하는 것을 막기 위한 의도였지만 노사 간 취업규칙 변경 협상에서 일방적으로 노조에 칼자루를 쥐여준 셈이다.

2013년 정년연장법이 통과하면서 우려는 현실

이 됐다. 정년연장에 따른 임금피크제 도입과 관련, 대법원에서조차 '노조의 동의가 없더라도 (임금피크제 도입을 위한) 취업규칙 변경이 사회 통념상 합리적이라고 인정되면 예외적으로 효력을 인정한다'고 판결했다. 하지만 노조는 '동의를 얻어야 한다'는 규정을 내세워 임금피크제 도입에 대해 '일방적인 임금 삭감'이라며 강력 반발하고 있다. 전문가들은 이처럼 모든 노동법제가 지난 60년간 정규직 노조의 기득권 보호를 강화하는 쪽으로만 개정되면서 노사 간 불균형이 심해졌다고 지적한다.

"정년이 연장되면서 인건비 부담이 확 늘었지만 노조 동의 없이는 임금체계도 못 바꿉니다. 경영난으로 회사가 문 닫을 판에도 노조가 동의해줘야 근로조건을 바꿀 수 있으니까요. 이런 상황에서 강제 할당하듯이 일단 청년들을 채용하라니 답답한 노릇입니다." 한 기업인의 하소연이다.

너무 다른 日 도요타 노조…
27조원 이익 났어도 회사 걱정

2015년 9월 11일 일본 센다이시 전全도요타노동조합연합회 정기총회장. 도요타그룹 각사 노동조합으로 구성된 전도요타노련(313개 조합, 약 33만명)이 2016년 춘계 노사교섭(춘투) 방침을 논의하는 자리였다. 이 자리에서 사사키 다쓰야 전 도요타노련 회장은 "(소비세 인상으로) 물가가 눈에 띄게 오른 작년과는 다르다"며 "2년 연속 기본급이 올랐기 때문에 내년에도 반드시 올라야 하는 건 아니다"고 말했다. 도요타는 2015년 영업이익 2조8000억엔(약 27조5000억원)으로, 3년 연속 사상 최대 기록을 경신할 것이란 전망이 나온다. 이런 시점에서 노조 수장의 발언은 예상 밖이었다. 그는 "경영환경을 고려해 협상할 것"이라고 말했다.

도요타 노조가 경영진보다 먼저 회사를 걱정할 정도로 도요타에 친경영 노사 관계가 정착한 비결은 무엇일까. 도요타는 1950년을 전후해 심각한 경영위기에 빠졌다. 노조 설립 5년 만인 1950년에는 75일간 장기 파업을 벌였다. 쟁의 결과 종업원의 10%인 1500명이 정리해고되고 창업자를 포함해 경영진이 책임을 지고 사퇴했다. 이 같은 과정에서 분규는 노사 모두에 피해만 입힌다는 사실을 깨달았다.

노조는 1955년 전투적 노조연합체였던 전일본자동차산별노조에서 탈퇴한 뒤 산별노조 해체를 주도했다. 1962년부터 올해까지 53년간 무無파업을 유지하고 있다. 국중호 게이오대 특임교수는 "엔고高나 글로벌 위기 상황에서 도요타 노사는 임금과 노동시간, 고용 등의 유연성을 확대해 경쟁력을 확보했다"고 말했다.

도요타는 2000년 임금체계 내 기본급과 직능급을 연간 한 차례 인사고과로 결정하는 직능기준급과 직능개인급으로 바꿨다. 2004년에는 연공서열에 따라 정해지는 연령급을 폐지하고 숙련급(역할급)으로 전환했다. 올 들어서는 내년 시행을 목표로 청년층 근로자의 임금을 올리고 정기 승급에 따른 임금 인상분을 축소하는 대신 성과급을 더 확대하는 방향으로 임금 개편도 추진 중이다.

PART 6

북핵보다
무서운
저출산

북핵보다 무서운 저출산

이 정도일 줄이야!
미혼여성 60% "결혼 안 해도 돼"

／ 　일반 국민 1000명에게 물었다. 결혼은 해야 한다고 생각하는지, 아니면 하지 않아도 된다고 보는지. 조사 결과 전체 응답자의 28.2%가 '하지 않아도 된다'는 쪽에 손을 들었다. 대략 서너 명 중 한 명이 "굳이 결혼을 해야 하느냐"고 반문한 것이다. 성별·연령대별로 현미경을 들이댔다. 숫자는 더 충격적으로 변했다. 저출산 문제 해결의 열쇠를 쥐고 있는 '미혼 여성' 가운데 '결혼은 반드시 해야 한다'고 응답한 비율은 4.2%에 그쳤다. '결혼은 하지 않아도 된다'는 의견이 60.1%에 달했다.

　결혼한 뒤에는 어떨까. '결혼을 하면 자녀를 가져야 한다고 생각하느냐'는 질문에 전체 응답자의 38.7%는 '반드시 가져야 한다'고 답했고, 41.7%는 '갖는 것이 좋다'고 응답했다. '자녀를 갖지 않아도 된다'는 의견은 19.2%에 그쳤다.

　하지만 미혼 여성 단계로 내려가면 다른 세상이 펼쳐졌다. '아이를 반드시 낳아야 한다'고 생각하는 비율은 미혼 여성의 9.5%에 불과했다. '자녀를 갖지 않아도 된다'고 생각하는 미혼 여성 비중(48.4%)이 절반에 육박했다.

결혼 해야 할까?

(단위:%)

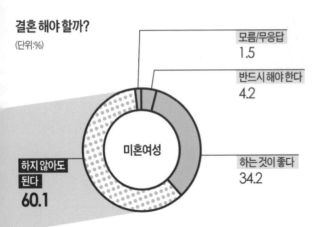

미혼여성

모름/무응답
1.5

반드시 해야 한다
4.2

하는 것이 좋다
34.2

하지 않아도 된다
60.1

결혼하면 자녀를 가져야 하나?

(단위:%)

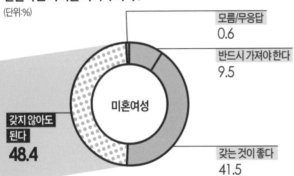

미혼여성

모름/무응답
0.6

반드시 가져야 한다
9.5

갖는 것이 좋다
41.5

갖지 않아도 된다
48.4

정부의 출산 장려대책, 효과 있었나?

(단위:%)

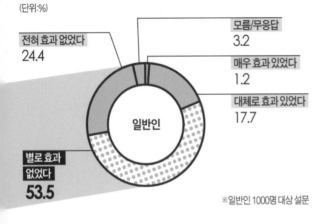

일반인

전혀 효과 없었다
24.4

모름/무응답
3.2

매우 효과 있었다
1.2

대체로 효과 있었다
17.7

별로 효과 없었다
53.5

※일반인 1000명 대상 설문

저출산의 가장 큰 원인은?
(단위:%)

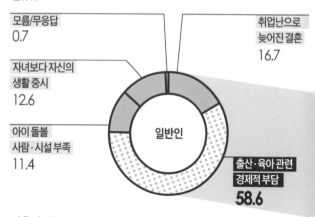

모름/무응답
0.7

취업난으로
늦어진 결혼
16.7

자녀보다 자신의
생활 중시
12.6

아이 돌볼
사람·시설 부족
11.4

일반인

출산·육아 관련
경제적 부담
58.6

저출산 해소하려면
외국인의 국내 이민 늘려야 한다는데
(단위:%)

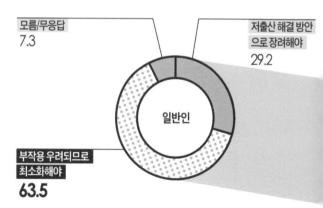

모름/무응답
7.3

저출산 해결 방안
으로 장려해야
29.2

일반인

부작용 우려되므로
최소화해야
63.5

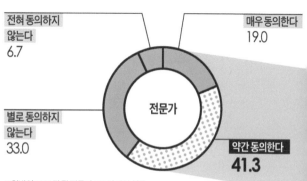

전혀 동의하지
않는다
6.7

매우 동의한다
19.0

별로 동의하지
않는다
33.0

전문가

약간 동의한다
41.3

※일반인 1000명 및 전문가 400명 대상 설문

결혼은 해야 하고, 결혼했으면 당연히 아이를 낳아야 한다고 생각하는 미혼 여성이 10%에도 미치지 못하는 현실. 이래서는 저출산 극복은 요원할 수밖에 없다.

결혼과 출산에 대한 인식이 부정적으로 변하게 된 요인은 뭘까. 전체 응답자의 58.6%가 "출산·육아와 관련한 경제적 부담이 너무 크다"고 답했다. '취업난으로 늦어진 결혼'(16.7%), '자녀보다 본인의 생활을 더 중시하는 풍조'(12.6%), '아이를 돌볼 사람이나 시설 부족'(11.4%) 등도 주요인으로 꼽혔다. 하지만 소득 구간별로 응답 내용을 분석해보니 저출산 원인에 대한 '사회적인 인식'과 '실제'가 다른 결과도 튀어나왔다. 저출산의 가장 큰 원인으로 '경제적 부담'을 꼽은 응답자 비중은 소득과 완전히 역순이었다. 월소득 200만원 이하 계층 가운데 '경제적 부담'을 지적한 비중은 46.4%로 평균치(58.6%)를 밑돈 반면 500만원 이상 고소득 층에서는 이 비율이 64.8%로 대폭 높아졌다. '아이를 키우는 데 돈이 너무 많이 들어가기 때문에 아이를 낳지 않으려 한다'는 세간의 우려가 진실을 반영하지 못한다고 해석할 수 있다. 출산의 경제적 부담이 절대적인 문제라기보다 상대적인 개념일 수 있다고 지적하는 전문가들도 있다.

정부가 지난 10년간 82조원을 투입한 출산 장려정책의 효과에 대해서는 부정적인 의견이 압도적이었다. 전체 응답자의 77.9%가 '별로 효과가 없었다'(53.5%)거나 '전혀 효과가 없었다'(24.4%)고 답했다. 미혼자들의 시선은 더 그랬다. 미혼 남성의 81.8%, 미혼 여성의 82.4%가 '헛돈을 썼다'는 반응을 보였다. 저출산은 한 국가의 운명을 좌우할 정도로 중요한 문제다. 인구가, 특히 젊은 인구가 줄어든다는 것은 일할 사람과 소비할 사람이 동시에 줄어든다는 뜻이다. 이런 상황이 지속되면 국가 경제는 활력을 잃고 고사枯死할 수밖에 없다. 저출산의 대안으로 많이 거론되는 '해외 이민자 유입 활성화'에 대해서는 일반 국민과 전문가들의 의견이 갈렸다. 일반 국민의 63.5%가 '부작용이 염려되므로 외국인의 국내 이민을 최소화해야 한다'는 의견을 제시한 반면 전문가의 60.3%는 이민 유입에 '동의한다'고 대답했다.

다가오는 인구절벽

작아지는 아기 울음소리…
미래를 그릴 사람이 없다

／ 한국에서 아이들이 줄고 있다. 2014년 국내에서 태어난 아이는 43만5000여명. 2007년(49만3000여명)과 비교해 6만명가량 줄었다. 초등학교 한 반이 30명이라고 가정했을 때 7년 만에 교실 2000개가 비게 된 것이다. 출생아 수는 2002년 50만명 밑으로 떨어졌다. 이후 40만명대 초반까지 줄었다가 2007년 50만명에 근접하는 수준으로 다시 늘었다. 하지만 도로 줄었고 2025년에는 35만명으로 감소할 것이란 전망이 나온다. OECD 23개국 중 2100년까지 인구가 줄어들 것으로 예상되는 국가는 9개국이고, 이 가운데 20% 넘게 감소할 것으로 전망된 나라는 한국, 일본, 독일, 포르투갈 4개국이다. 감소폭은 한국이 단연 1위다.

영유아 관련 일자리 13만개 감소

영유아산업이 벌써부터 타격을 받고 있다. 2014년 분유 재고량은 12년 만에 최대치를 기록했다. 보건복지부는 2020년이 되면 영유아 관련 일자리가 지금보다 13

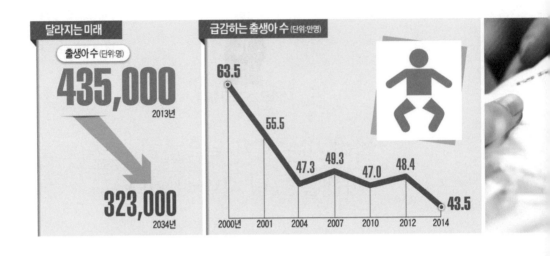

만개가량 줄어들 것으로 전망했다. 교육 분야 구조조정도 불가피하다. 학령 인구가 현재 756만명에서 2050년 327만명으로 반토막 난다. 학생이 줄면 교직원 수도 줄여야 한다. 2034년이면 교사 3만8000여명이 필요 없어진다. 대학 평균 충원율은 52%까지 뚝 떨어진다. 군 입대 자원도 부족해질 전망이다. 지금과 같은 병력을 유지하려면 2034년 기준 20세의 47%, 21세의 60%가 군대에 있어야 한다. 군인 수가 부족해지면 군복무 기간이 늘어날 수 있다.

불황이 만성화된다

생산가능인구(15~64세)는 2016년에 정점을 찍은 뒤 계속 줄어든다. 2014년 3683만명이었던 게 2040년엔 2887만명까지 감소할 전망이다. 저출산 여파다. 노동력과 소비 능력, 자본조달 능력이 떨어지면 기업 활력도 감소한다. 국제무역연구원은 보고서를 통해 "소비수준이 높은 47세 연령 인구가 감소하기 시작하는 2020년께 소비 둔화로 인한 경기 침체가 시작될 것"으로 전망했다.

2015년 출산율(1.20명)이 유지되면 근로자의 평균 연령은 2010년 39.5세에서

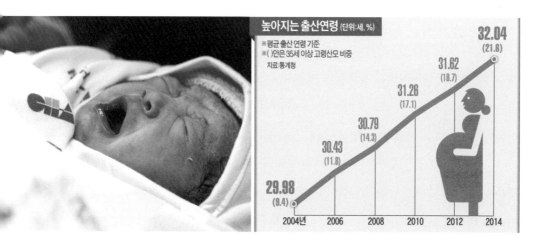

높아지는 출산연령 (단위:세, %)

※평균 출산연령 기준
※( )안은 35세 이상 고령산모 비중
자료:통계청

- 2004년: 29.98 (9.4)
- 2006: 30.43 (11.8)
- 2008: 30.79 (14.3)
- 2010: 31.26 (17.1)
- 2012: 31.62 (18.7)
- 2014: 32.04 (21.6)

2040년 44.1세로 높아진다. 삼성경제연구소는 "핵심 노동력이 줄어들면서 2041 ~2045년 한국의 잠재성장률은 연평균 1.7%로 하락하고 2060년엔 0%대에 진입할 것"으로 내다봤다. 저출산·고령화는 부동산과 증권시장에도 부정적인 영향을 미칠 가능성이 크다. 은퇴를 앞둔 베이비붐 세대(1955~1963년생)가 퇴직한 뒤 생활자금을 확보하기 위해 부동산 처분에 나서면 집값이 하락할 수 있다. 반면 주택구매연령(35~55세) 인구는 2016년부터 줄어든다. 증권가에서는 "베이비붐 세대가 자산 처분에 본격적으로 나설 것으로 예상되는 2020년부터 주식시장이 하락세를 탈 것"이라는 전망이 공공연히 나돈다. 실물경제와 자산시장 모두 만성적인 불황에 빠질 수 있다. 노인 부양비를 낼 사람은 줄어드는데, 돈을 받을 사람은 많아진다. 2005년만 해도 생산가능인구 7.9명당 노인 한 명만 부양하면 됐다. 하지만 2020년엔 4.6명, 2050년엔 1.4명이 노인 한 명을 부양해야 한다. 노령연금은 베이비붐 세대가 노인층에 진입하는 2020년께부터 지출이 빠르게 늘어난다. 2015년 기초연금 운용엔 10조2500억원이 들었지만 2040년이면 한 해에 100조원이 필요하다. 재원은 20~50대가 납부한 세금으로 마련해야 한다. 국민연금도 2060년이면 고갈될 것으로 전문가들은 예상하고 있다.

결혼 안 하고 아이 낳은 건 죄?

평균 출산율이 1명 안팎인 '초저출산'은 한국, 일본, 대만, 싱가포르 등 동아시아 국가에 집중돼 있다. 여성의 사회 진출이 활발해지면서 결혼 건수가 감소하고 출산율이 급락했다는 공통점이 있다. 여성 고용률이 높아질수록 출산율도 높아지는 서유럽이나 북유럽 국가와는 정반대 현상이다. 이들 국가의 평균 출산율은 1.7명을 넘는다. 한국개발연구원은 '미혼모에 대한 사회적 편견이 초저출산의 원인'이라는 내용의 보고서(2011년)를 내놔 한국 사회에 작지 않은 파장을 일으켰다. 서유럽과 북유럽에선 혼외출산 비중이 전체 출생아의 40~60%인 반면 한국은 2%대에 불과한데, 그 이유가 미혼모에 대한 편견 때문이라는 내용이었다. 결혼하지 않고 아이를 낳아도 별 문제 없이 직장생활을 할 수 있고 아이도 잘 키울 수 있다는 믿음이 생겨야 여성의 사회 진출이 저출산으로 직결되지 않는다는 것이다. 박영미 미혼모지원네트워크 대표는 "한 해 출생하는 아이는 47만명, 낙태되는 아이도 이에 육박하는 35만명에 이른다는 통계가 있다"며 "이 가운데 적어도 17만명은 미혼 남녀의 낙태로, 사회적 편견과 관련이 깊다"고 설명했다. 그는 "미혼모는 애를 키워선 안 된다는 과거의 생각을 이제는 재점검할 때가 됐다"고 덧붙였다.

외국인 없인 공장 못 돌리는데…
다문화 없는 '다문화 정책'

/ 174만명. 2015년 1월 기준 한국에 거주하는 외국인 주민 수다. 외국인 주민이란 외국인 근로자와 결혼이민자, 혼인 및 일반귀화자, 다문화가정의 자녀 등을 말한다. 충북(158만명), 대전(153만명), 광주(148만명) 인구보다 많다. 행정자치부가

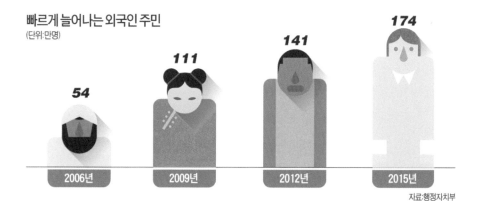

빠르게 늘어나는 외국인 주민
(단위:만명)

54 — 2006년
111 — 2009년
141 — 2012년
174 — 2015년

자료:행정자치부

조사를 시작한 2006년(54만명) 이후 10년 동안 세 배 이상으로 증가했다. 연평균 증가율이 14.4%로 주민등록인구 증가율(0.6%)의 25배다. 한국의 다문화사회 진입 속도는 세계 최고 수준이다. 주민등록 인구 대비 외국인 주민 비율이 10%를 넘는 시·군·구도 일곱 곳이나 된다. 서울에서는 중소기업과 영세 공장이 많은 영등포구(17.5%)와 금천구(13.8%), 구로구(12.5%) 등이 대표적이다. 반월·시화국가산업단지가 있는 경기 안산시(11.8%)와 시흥시(11.5%)도 외국인 비율이 높다.

외국인 근로자는 인력 확보에 어려움을 겪는 중소기업들의 활로가 된 지 오래다. 공장이 밀집한 공단 현장에서는 "외국인 없이는 공장이 안 돌아간다"는 말이 공공연하다. 안산시 외국인주민센터는 반월·시화산업단지 전체 근로자 중 외국인 비율을 30~40%로 추정하고 있다. 하지만 공식적 통계에는 그 실태가 잘 드러나지 않는다. 한국산업단지공단의 2013년 조사에 따르면 반월산업단지 전체 근로자(10만9647명) 가운데 외국인은 8%(8709명)뿐이다. 시화산업단지도 전체 10만738명 중 9%(8887명)에 불과하다. 불법체류자나 불법파견근로자는 빠졌기 때문이다.

결혼이민자와 혼인귀화자가 늘면서 다문화가족 자녀도 급증했다. 외국인 주민 자녀 수는 2007년 4만4000여명에서 2015년 20만8000여명으로 다섯 배가량으로 늘었다. '이민강국론'을 주장하는 모종린 연세대 국제학대학원 교수는 "개방적인 이민정책을 통해 저출산 문제를 해결하고 국가경쟁력을 높여야 한다"고 말했다.

03

생생토크! 다른 선택

"아이 낳으면 내 인생은 끝"
VS
"셋째 낳고 행복도 세 배 됐어요"

미혼 남녀

"단칸방서 시작하라고요? 그럴 바에야 솔로가 낫죠"

'결혼이 부담'이라는 젊은이에게 기성세대가 하는 말이 있다. "우리는 단칸방에서 시작했어." 결혼과 출산에 따르는 책임을 지기엔 요즘 세대가 너무 나약하다고 말한다.

젊은이들도 할 말이 많다. 물류창고 비정규직으로 일하는 박정수 씨(29·남). 어린이집 교사인 여자친구가 있고, 월급이 많지는 않지만 그가 사는 원룸 월세는 댈 수 있을 정도다. 하지만 그에게 결혼은 '행복과 맞바꾸는 그 무엇'이다.

"솔직히 저는 이렇게 아르바이트하면서 살아도 만족할 것 같아요. 적게 버는 대신 시간이 많고 취미도 적당히 즐길 수 있거든요. 그런데 결혼하면 이렇게 살아선 안 되죠. 여자친구에게 미안해서 결혼 얘기를 꺼낸 적은 없어요. 나 말고 더 좋은 남자가 있을 텐데…. 이런 생각 하면 슬픕니다."

좋은 직업은 얻기 어렵고, 시간도 많이 써야 한다. 보건사회연구원은 "정규직과 비정규직 이원화가 심하고 직업 간 이동성이 떨어지다보니 '자리부터 잡고 나서 결혼하자'는 생각이 확산되고 있다"고 설명했다.

여성의 고민은 출산 문제까지 나아간다. 서울대생인 하민영 씨(22 · 여)는 "방 두 개짜리 집을 살 정도로 자리를 잡은 뒤에 결혼하겠다"고 말했다. 그는 "결혼한다고 해서 결혼 전의 사회적 지위나 경제력이 나아지진 않을 것"이라며 "아이가 불행하면 어떻게 하느냐"고 반문했다.

이들은 '부모라면 최소한 자녀가 자신만큼의 학력과 사회적 지위를 갖도록 도와줘야 한다'고 생각한다. 애를 낳으면 엄청난 사교육비와 치열한 교육 경쟁을 감내해야 하는데 그럴 엄두가 나지 않는다는 얘기다. 윤희숙 한국개발연구원 재정복지정책연구부장은 "고학력 여성일수록 결혼과 출산을 주저한다"며 "자녀를 자기만큼 교육하려면 비용이 많이 들어갈 것이라는 생각 때문"이라고 해석했다.

사회생활을 어느 정도 한 30대는 결혼과 출산, 심지어 연애조차 '불리한 게임'일까봐 고민한다. 경기 구리시의 중학교 교사인 강지선 씨(38 · 여)는 "여자가 가사와 육아를 책임지는 게 부담"이라며 "가정에 신경 쓸 정도로 시간 여유가 있는 남성을 찾기가 쉽지 않다"고 했다.

대기업 연구직인 김구현 씨(35 · 남)는 "한국에선 남자가 결혼과 연애 비용을 대부분 부담하지 않느냐"며 "그 돈을 자기발전에 쓰는 것이 낫다"고 말했다.

외동 가족

"시댁선 둘째 낳으라지만 내 인생은 어쩌라고요"

／ 외국계 회사에서 시니어매니저(부장급)로 일하며 1억원에 가까운 연봉을 벌고 있는 이수진 씨(39). 추석 명절 시댁에 다녀온 뒤 남편과 크게 다퉜다. 둘째를

낳으라는 시부모에게 불만을 나타낸 것을 남편이 못마땅해 하면서 부부싸움이 벌어졌다. 이씨는 "명절 때만 되면 아이 문제로 다른 가족과 껄끄러워지게 돼 스트레스가 이만저만이 아니다"고 털어놨다.

이씨는 여섯 살 된 딸이 하나 있다. 남편은 장손이다. 시댁 어른들은 입버릇처럼 '손자를 언제 볼 수 있느냐'고 하지만, 이씨는 둘째를 낳을 생각이 전혀 없다. 이씨는 "둘째를 낳게 되면 내 인생은 끝"이라는 다소 과격한 표현까지 썼다. "계속 일하고 싶은데 육아휴직을 또 쓰면 회사에서 자리를 제대로 잡을 수 없게 될 겁니다. 회사 눈치 보며 겨우 육아 전쟁을 끝냈는데 또다시 하려니 솔직히 엄두가 안 나네요."

2015년 남편이 벤처회사를 차린 뒤 월급을 제때 가져오지 못하면서 이씨가 실질적인 가장이 된 것도 둘째를 낳지 않으려는 이유 중 하나다. 남편은 다니던 회사가 인수합병으로 구조조정되면서 희망퇴직했다.

박민희 씨(35)도 '둘포족(둘째 포기족)'이다. 박씨는 1년간 육아휴직을 보내고 2014년 말 복직했다. 상반기 인사평가에서 최하위 등급을 받았다. 박씨는 "육아휴직을 썼던 직원들이 대부분 최하위 등급을 받았다"고 전했다. 입사 동기들과 연봉 차이도 벌어졌다. 육아휴직 기간에 월급이 오르지 않았고, 복귀 후 인사평가가 좋지 않아 월급이 동결돼 2년 전 연봉 그대로이기 때문이다. "근로기준법엔 출산을 이유로 인사평가에서 차별해선 안 된다고 돼 있다지만 실제로는 별 의미가 없습니다. 회사를 그만둘 각오가 돼 있으면 소송하라는 변호사 말에 가만히 있기로 했습니다."

박씨는 "애를 봐주는 입주 도우미를 쓰면 비용이 만만치 않아 출퇴근 도우미를 구했는데, 회사에서 오후 6시에 퇴근하기 어렵다보니 남편과 번갈아가며 퇴근 전쟁을 벌이고 있다"며 "퇴근 후에는 식사 준비와 장난감 정리, 설거지에 눈코 뜰 새 없이 시간을 보낸다"고 털어놨다. 그는 "아이 낳고 나만의 시간이 완전히 사라졌다"며 "일과 가정을 유지하려고 내가 할 수 있는 한 최선을 다하고 있기 때문에 둘째는 아예 생각도 안 한다"고 잘라 말했다.

다둥이 가족

"아이 셋 키우는 워킹맘 힘들지만 행복해요"

／　"회사 일에 육아, 집안일까지 하느라 하루 너덧 시간밖에 자지 못해도 아내는 행복하다고 하더군요. 셋째를 갖자는 아내의 말에 당황했지만 지금은 잘했다는 생각이 듭니다."

송진우 씨(38)는 다음달 셋째 아이가 태어난다며 환하게 웃었다. 동갑내기 부인이 '겁도 없이' 먼저 셋째 아이를 갖고 싶다고 했단다. "연년생인 다섯 살 아들과 네 살 딸을 '죽을 힘을 다해' 키우고, 이제서야 한숨 돌리나 했는데 또 아이를 갖겠다는 아내 말을 듣고 털썩 주저앉을 뻔했어요. 하하. 양가 어른들도 아연실색했고요. 5년간 육아에 동참하면서 다들 지쳤거든요."

아이 둘에 직장까지 있는 송씨의 부인이 아이를 또 낳겠다고 한 건 "아이들에게 여러 명의 형제를 갖게 해주고 싶다"는 바람 때문이었다. "외동딸로 자란 아내가 몇 년 전 장인어른 상을 치르면서 무척 힘들고 외로워했어요. 여러 명의 아이를 낳아야겠다는 생각을 그때 굳혔다네요."

이진희 씨(37)는 3년 전 계획에 없던 셋째를 가졌다. 둘째 아이의 육아휴직 뒤 직장 복귀를 한 달여 앞둔 시점이었다. 이씨는 "세 아이의 엄마가 될 것이라고 생각해본 적은 한 번도 없었다"며 "임신 사실을 알았을 땐 나쁜 마음까지 가질 정도로 너무 두려웠다"고 말했다. 남편도 미웠고 친구들을 만나기도 싫었다. 다들 셋째를 어떻게 키울 것이냐며 이씨를 걱정했다. 우울증까지 왔다.

그랬던 이씨가 우울증을 극복하고 셋째를 낳을 수 있었던 것은 회사의 배려 덕분이었다. 아이 둘을 둔 워킹맘이었던 이 회사의 사장은 이씨에게 흔쾌히 추가 육아휴직 후 복직 기회를 약속했다. 탄력근무제를 적용받아 출퇴근 시간도 자유로

워졌다.

　이들은 한 명도 키우기 힘든 아이를 셋이나 키우면서 어떻게 일까지 해내는 걸까. 공통점은 '육아는 엄마만의 일이 아니다'는 것이다. 우선 남편이 적극적으로 육아를 분담했다. 이씨의 남편은 첫째 아이를 '전담 마크'한다. 초등학생인 아이의 학원과 학교 숙제를 챙기고 학부모 모임까지 나간다. 직장보육시설도 큰 힘이다. 저녁 8시까지 아이들을 돌봐주기 때문에 퇴근할 때까지 마음이 놓인다. 이씨는 양가 부모님과 형제, 당숙모까지 총 여섯 명의 친인척으로부터 도움을 받고 있다. 그는 "아이를 많이 낳으면 여성의 사회생활이 끝날 것으로 생각하지만, 길을 찾다 보면 방법이 생긴다"며 "셋째를 낳고 행복도 세 배가 됐다"고 웃었다.

04

이민자가 새 성장동력

"이주노동자 없으면 중소기업 공장 스톱… 워킹맘은 사표 써야할 판"

경기 김포에 있는 공기조화설비 제조업체 서진공조에선 캄보디아인 직원 11명이 제품 조립라인에서 일하고 있다. 김종석 서진공조 대표는 "수도권에 있어도 한국인 근로자를 구할 수가 없다"며 "요즘엔 외국인 근로자(이주노동자) 없이 돌아가는 공장을 찾기가 힘들다"고 말했다.

서울 압구정동의 한 김밥집에서도 '조선족(중국 동포) 이모' 두 사람이 잽싼 손길로 김밥을 말고 라면을 끓인다. 이들은 "영세한 식당이나 주점 같은 데서 힘든 일을 하는 사람 상당수는 조선족"이라고 말했다. 공장과 식당, 두 곳의 대표적인 현장을 예로 들었지만 이주노동자는 이미 한국 사회 곳곳에서 없어선 안 될 존재로 자리매김했다. 하지만 여전히 이들을 바라보는 시선은 차갑기만 하다.

농·어촌과 공단 채운 이주노동자

영세한 공장은 이주노동자를 써서 생산단가를 낮추고 납기를 맞춘다. 김 대표는

"이주노동자는 잔업을 선호해 납기를 지키기가 수월하다"고 평가했다. 그는 "숙련공을 계속 데리고 있고 싶은데 비자 문제로 출국한 뒤 다시 고용하기까지 오래 걸려서 곤란하다"며 "정부가 제도를 좀 고쳐주면 좋겠다"고 말했다. 우리의 밥상을 책임지는 것도 이주노동자들이다. 소·돼지를 키우고 채소를 재배하는 농가 가운데 상당수는 농번기마다 외국인 근로자를 고용해 일손을 채운다. 정식 비자를 받고 들어온 고용허가제 인원 중 농·축산업에 할당된 이들이 5600여명에 불과해 대부분 불법체류자를 쓴다. 법무부가 농촌 지방자치단체들의 요청을 받아들여 2015년 9월부터 충북 괴산과 보은 두 곳에서 시험적으로 농번기 3개월간 지정된 농가에서 일하고 출국하는 '외국인 계절근로자 제도'를 도입했을 정도다.

어촌도 사정이 비슷하다. 인천의 한 수산물 도매업체 관계자는 "부두에서 수산물을 운반하는 일은 육체노동 강도가 높아 한국인을 구할 수 없다"며 "정부가 제발 외국인 근로자 고용을 정식으로 허용하고 도와주면 좋겠다"고 호소했다. 이자스민 새누리당 국회의원은 한 인터뷰에서 "농촌에 지역구를 둔 의원 중에는 이민법을 도입해야 할지 고민하는 이들이 많다"고 전했다. 한 지방대 교수는 "외국인 석·박사과정생 중 상당수가 졸업 후 한국에서 일하기를 희망하는데 비자문제 등 걸림돌이 많다"고 했다. 육아도 이주노동자들의 주요 역할이다. 친정이나 시댁의 도움을 받지 못하는 워킹맘 가운데는 "조선족 이모(베이비시터) 없으면 당장 사표를 써야 할 판"이라고 말하는 이들이 적지 않다.

"내국인 일자리 대체수준 낮아"

하지만 온라인에는 국내 체류 외국인에 대한 혐오의 글이 넘쳐난다. 이주노동자를 '잠재적 범죄자'로 여기는 경향도 뿌리 깊다. 저출산을 해소하기 위해 외국인의 국내 이민을 늘리는 것에 대해 한국경제신문이 전문가 400명을 대상으로 설문조사한 결과, 응답자의 60.3%가 '동의한다'고 답했다. 그러나 일반인 1000명을 대상으로 같은 설문을 했을 때는 63.5%가 '부작용이 염려되므로 외국인의 국내 이민을 최소화해야 한다'고 했다.

비숙련 저임금 노동자만 많이 들어오기 때문에 이민이 한국 경제에 도움이 되지 않는다는 주장도 있다. 이에 대해 조경엽 한국경제연구원 선임연구위원은 "노동공급 확대는 잠재성장률 제고의 필수조건"이라며 "단순기능인력에 의한 생산도 전체 경제를 위해서는 필요하다"고 지적했다. 비숙련 기피업종 종사자 없이 모두가 고부가가치 제품만 생산할 수는 없다는 설명이다. 이주노동자가 늘어나면 실업률이 높아지고 일자리를 뺏길 것이라는 우려에 대해서도 그는 "단기적으로는 실업률이 높아질 수 있지만 장기적으론 해소될 것이고, 외국인 근로자가 내국인 근로자를 대체하는 수준은 낮다"고 분석했다.

 "2030년 외국인 500만명"…
준비 안 된 한국

/ 한국 체류 외국인(이주노동자 외 유학생 등 포함)은 2015년 8월 기준 182만명으로 1년 전보다 6.5% 늘었다. 한국 전체 인구(5147만명)의 약 3.5%에 해당한다. 경기개발연구원에 따르면 2030년에는 한국 체류 외국인이 약 500만명으로 전체 인구의 약 10%에 달할 것이란 전망이다. 하지만 정부가 외국인 정책에 접근하는 방식은 옛날 산업연수생 제도(1993~2007년) 때와 달라지지 않았다는 평가다.

신종호 경기개발연구원 연구위원은 "외국인 유입 초기엔 노동력 부족 해소와 경제발전 기여 등 긍정적인 측면이 부각됐다"며 "그런데 갈수록 단순기능인력만 늘고 전문인력 유입이 정체되면서 한계와 문제점도 드러나고 있다"고 말했다. 2015년 8월 기준 취업 자격 체류 외국인 64만명 중 단순기능인력은 59만명인 데 비해 전문인력은 5만명에 그친다.

정부가 손을 놓고 있었던 것은 아니다. 법무부는 외국인 노동자 인권 향상을 위해 1993년 시작된 산업연수생 제도를 2007년 고용허가제로 통합했다. 2001년엔 교육과학기술부가 '외국인 유학생 유치확대 종합방안'을 수립했다. 외국의 우수 학생을 많이 받아들여 국제적 네트워크를 가진 인재로 양성한다는 취지였다. 하지만 양적 확대에만 치중하다 보니 유학생이 한국인과 교류하거나 한국에서 취업하는 사례가 별로 없는 편이다. 고용허가제도 기피업종에 대한 노동력 보충에만 초점이 맞춰져 있다. 외국인 노동자는 3년의 취업기간이 끝나면 대개 본국으로 돌아가야만 했다. 그 3년도 한국인과 사실상 격리된 채 단순노동만 하다 돌아가기 때문에 한국 사회에 섞일 기회가 많지 않다. 대학·기업이 어렵게 데려온 외국인 교수나 연구자들도 언어 장벽과 경직된 문화, 외국인을 위한 인프라 부족 등으로 한국을 금방 떠나는 경우가 많다.

이해정 현대경제연구원 연구위원은 "정부는 우수인력 유치를 위해 해외 고급 과학기술인력에게 비자발급과 체류허가 편의를 제공하는 '사이언스 카드', KOTRA 해외조직망을 통해 해외우수인력을 발굴하는 '콘택트 코리아' 등의 제도를 시행하고 있으나 실적은 미흡하다"고 말했다.

PART 7

창의인재
못 키우는
교육

"수학도 과학도 정답만 달달…
창의인재 나오는 게 비정상"

국민 10명 중 7명은 현 교육제도에서 창의적인 인재가 나오기 어렵다는 생각을 갖고 있는 것으로 나타났다. 입시 위주의 수동적인 교육, 사교육 시장 팽창에 붕괴되는 공교육 시스템이 창의적인 인재의 육성을 막는 주요 걸림돌로 지적됐다.

한국경제신문이 한국리서치와 공동으로 전국 성인 1000명을 대상으로 설문조사한 결과 '우리나라 교육제도에선 창의적인 인재가 나오기 힘들다' 는 의견에 '매우 그렇다' 24.7%, '대체로 그렇다' 42.5% 등 67.2%가 동의했다. 일자리를 구하지 못한 구직자가 넘쳐나지만 정작 기업들은 쓸 만한 인재가 없다고 하소연했다. 산업계 수요와 대학 교육의 불일치로 인한 '인력 미스매치' 현상이 심해지고 있다는 진단이다.

이번 설문조사에서도 '기업이 필요로 하는 인재상과 학교 교육을 받은 졸업생의 자질에 차이가 있다' 는 의견에 74.5%가 '그렇다' 고 답했다. 전문가들은 인력 미스매치 문제의 해법으로 산학 연계 프로그램 활성화와 현장 중심의 대학교육,

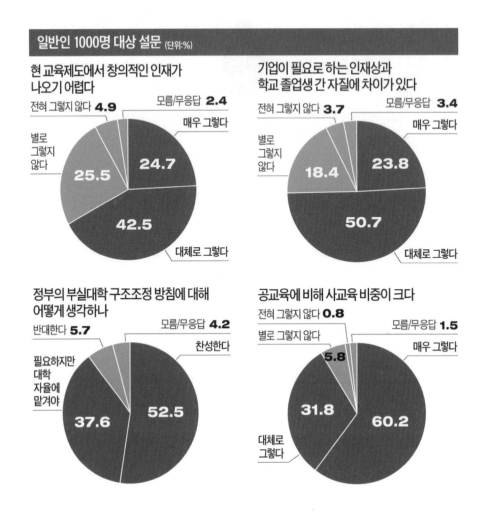

일반인 1000명 대상 설문 (단위:%)

현 교육제도에서 창의적인 인재가 나오기 어렵다
- 전혀 그렇지 않다 **4.9**
- 모름/무응답 **2.4**
- 매우 그렇다 **24.7**
- 별로 그렇지 않다 **25.5**
- 대체로 그렇다 **42.5**

기업이 필요로 하는 인재상과 학교 졸업생 간 자질에 차이가 있다
- 전혀 그렇지 않다 **3.7**
- 모름/무응답 **3.4**
- 매우 그렇다 **23.8**
- 별로 그렇지 않다 **18.4**
- 대체로 그렇다 **50.7**

정부의 부실대학 구조조정 방침에 대해 어떻게 생각하나
- 반대한다 **5.7**
- 모름/무응답 **4.2**
- 찬성한다 **52.5**
- 필요하지만 대학 자율에 맡겨야 **37.6**

공교육에 비해 사교육 비중이 크다
- 전혀 그렇지 않다 **0.8**
- 모름/무응답 **1.5**
- 별로 그렇지 않다 **5.8**
- 매우 그렇다 **60.2**
- 대체로 그렇다 **31.8**

중소기업의 청년 고용 유인책 강화 등을 제시했다.

정부가 잇따라 내놓은 공교육 정상화 대책에도 불구하고 멈추지 않는 사교육 비중 확대도 한국 교육의 비틀어진 단면이다. 국민 10명 중 9명(92%)은 '공교육에 비해 사교육 비중이 크다'고 응답했다. 교육 현장에서 일어나는 사교육 경쟁은 중산 서민층의 가계 부담을 늘리고 삶의 질을 떨어뜨리는 주요 요인으로 작용하고 있다는 분석이다.

'자녀 사교육비가 가계 지출에 부담이 되느냐'는 질문에는 61.9%가 '부담된

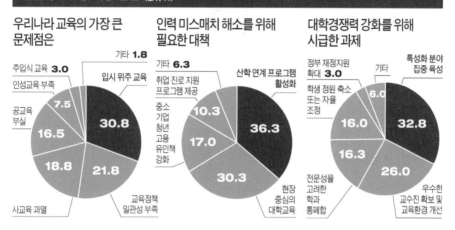

우리나라 교육의 가장 큰 문제점은

기타 1.8
주입식 교육 3.0
인성교육 부족
입시 위주 교육 30.8
공교육 부실 7.5
16.5
18.8
21.8
사교육 과열
교육정책 일관성 부족

인력 미스매치 해소를 위해 필요한 대책

기타 6.3
취업 진로 지원 프로그램 제공
중소 기업 청년 고용 유인책 강화
산학 연계 프로그램 활성화 36.3
10.3
17.0
30.3
현장 중심의 대학교육

대학경쟁력 강화를 위해 시급한 과제

정부 재정지원 확대 3.0
학생 정원 축소 또는 자율 조정
기타
특성화 분야 집중 육성 32.8
6.0
16.0
16.3
26.0
전문성을 고려한 학과 통폐합
우수한 교수진 확보 및 교육환경 개선

다'고 응답했다. 응답자의 52.1%는 전체 생활비에서 차지하는 자녀 사교육비 비중이 20% 이상에 달한다고 답했다.

거주 지역별로 사교육비 지출 격차도 컸다. 자녀 사교육비로 한 달에 100만원 이상 지출한다는 응답 비율은 서울이 40.2%로 가장 높게 나왔다. 이어 인천·경기 29.5%, 대구·경북 19.4%, 광주·전라 16.7% 등의 순이었다.

유명학원 가려고 '새끼학원' 다니는
대치동 아이들

/ 　결혼 16년차 맞벌이 주부 백정연 씨(45)의 가계부에는 수년째 '구멍'이 뚫려 있다. 백씨와 그의 남편은 매달 세후 급여로 460만원 정도를 번다. 하지만 세 자녀 교육비가 계속 불어나 월 지출이 500만원을 넘어선 지 오래다. 자녀 사교육비로만 순수입의 4분의 1에 육박하는 105만원을 쓰는 달도 있다. 백씨 부부는 종신보험 두 개를 빼곤 적금, 펀드 등을 통한 노후 준비는 전혀 하지 못하고 있다.

사교육비에 허덕이는 '에듀 푸어'

부실한 공교육이 사교육 시장을 키우고, 사교육비 부담이 중산층의 삶을 짓누르는 악순환이 이어지고 있다. OECD에 따르면 한국 가계의 최종 소비지출 대비 교육비 비중은 6.7%(2012년 기준)로 미국(2.4%), 일본(2.2%), 영국(1.5%), 독일(1.0%) 등을 크게 앞질렀다. 자녀 교육비가 집중적으로 들어가는 40대 연령층만 떼어놓고 보면 상황은 더 심각하다. 한국개발연구원 분석을 보면 국내 40대 가구는 가처분소

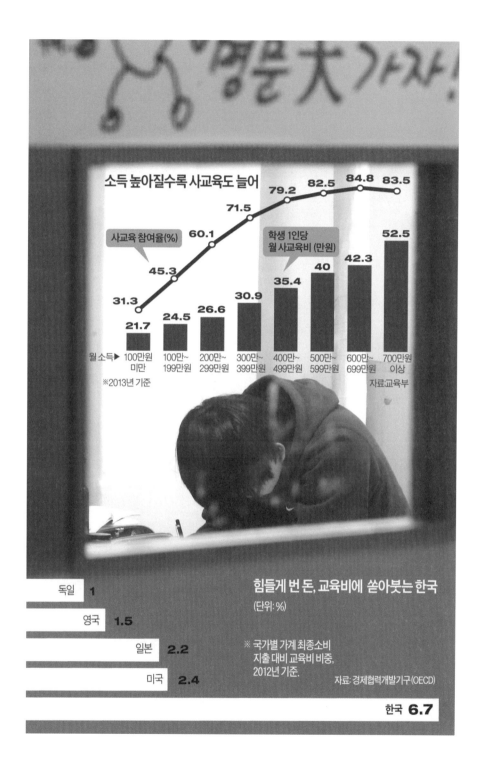

소득 높아질수록 사교육도 늘어

사교육 참여율(%)

학생 1인당
월 사교육비 (만원)

월소득	100만원 미만	100만~199만원	200만~299만원	300만~399만원	400만~499만원	500만~599만원	600만~699만원	700만원 이상
참여율	31.3	45.3	60.1	71.5	79.2	82.5	84.8	83.5
사교육비	21.7	24.5	26.6	30.9	35.4	40	42.3	52.5

※2013년 기준

자료:교육부

힘들게 번 돈, 교육비에 쏟아붓는 한국
(단위: %)

독일	1
영국	1.5
일본	2.2
미국	2.4
한국	6.7

※ 국가별 가계 최종소비
지출 대비 교육비 비중,
2012년 기준.

자료: 경제협력개발기구(OECD)

득의 14%(2003~2013년 평균)를 교육비로 지출했다. 2.1%를 교육비로 쓴 미국 40대 가구의 일곱 배 수준이다.

권규호 KDI 연구위원은 "중년층의 과도한 교육비 지출은 노후대비를 위한 저축을 못 하게 하는 요인"이라며 "이들 세대가 고령층이 됐을 때 민간소비가 더 위축돼 내수경제의 발목까지 잡을 수 있다"고 지적했다.

오락가락 교육정책

전두환 정부의 사교육 전면 금지, 김대중 정부의 고액과외 특별단속, 노무현 정부의 수능등급제 도입, 이명박 정부의 EBS 수능 연계 강화…. 역대 정권마다 국민의 사교육비 부담을 줄이겠다며 각종 대책을 쏟아냈지만 효과가 있었다고 느끼는 사람은 거의 없다. 나명주 참교육학부모회 정책위원장은 "교육과정과 입시방식을 수시로 바꾸면서 오히려 교육현장에 혼란만 가중시켰다"며 "정책이 오락가락하면서 발 빠른 사교육 시장만 득세하고 있다"고 비판했다.

박근혜 정부 들어서도 마찬가지다. 선행학습을 법으로 금지했지만 학원가는 '물 만난 고기'처럼 활기를 띠고 있다. 시민단체 사교육걱정없는세상이 서울 시내 사교육 과열지구 13개 학원의 수업내용을 조사한 결과, 정규 교육과정보다 평균 3.2년 앞선 내용을 가르치고 있었다. 중학교 1학년 대상 '의대 입시반'을 운영하는 B학원에 들어가려면 초등학교 6학년 때 고2 교육과정인 '수1'과 '수2' 시험을 봐야 한다.

영국 이코노미스트는 최근 한국의 사교육 광풍을 보도하면서 "한국에는 'sekki hagwon'이라는 것도 있다"고 전했다. 서울 대치동 학원가 등에 있는 명문학원에 들어가기 위한 준비학원인 '새끼학원' 수십 곳이 성업 중인 모습을 소개했는데, 외국인들로선 이해하기 힘든 새끼학원 개념을 번역하기 마땅치 않아 한글 발음을 그대로 옮겨 적은 것이다.

'교사 경쟁체제' 도입해야

전문가들은 비정상적으로 팽창하는 사교육을 잡으려면 공교육 정상화가 해답이라고 강조한다. 공교육의 질이 혁신적으로 개선되지 않는 한 '맞춤형 양복' 처럼 학생과 학부모가 원하는 모든 과정을 제공하는 사교육 시장과 경쟁하는 것 자체가 불가능하다는 것이다. 스타강사 출신 교육평론가인 이범 민주정책연구원 부원장은 "학부모들에게 사교육을 왜 시키는지 조사해보면 선행학습이나 상급학교 진학보다 '학교수업 보충'을 위해서라는 답이 더 많이 나온다"며 "더 앞서 나가기 위해서가 아니라 남들만큼 하기 위해서라도 사교육을 받을 수밖에 없는 현실"이라고 말했다. 교사들끼리 수업의 질을 놓고 경쟁하도록 해야 한다는 지적도 있다. 홍콩은 2000년부터 고등학교에서 오전에는 정규 교과수업을, 오후에는 학생들이 원하는 수업을 선택해 듣도록 교육체계를 바꿨다. 그 결과 교사 간에 생산적 경쟁이 벌어지면서 공교육 만족도가 높아졌다는 평가를 받고 있다.

 ## '사교육 폭탄' 피해서 유학 보냈는데…
투잡 뛰는 '기러기 아빠'

／　　몇 년 전 외동딸을 네덜란드에 유학 보낸 주부 한모씨(57)는 가계부를 정리할 때마다 한숨이 나온다. 대학교 신입생인 딸에게 매달 송금하는 돈이 300만원에 달해서다. 1년에 600만원인 학비는 따로 보낸다. 한씨는 "국내 대학 등록금 수준과 비슷한 해외 대학을 골랐는데도 부담이 너무 크다"며 "살림이 늘 적자지만 딸도 한국보다 비싼 물가와 교통비 때문에 쪼들리는 생활을 하고 있다"고 털어놨다.

사교육이 싫어 자녀를 해외로 유학 보냈다는 사람이 꽤 많다. 하지만 이들 중 상당수는 체류비와 학비로 매달 수백만원의 돈을 보내야 하는 데 대한 정신적 스트레스를 겪고 있다. 아들을 호주로 조기유학 보낸 한 주부는 "한국에 있으면 몇 달이라도 과외를 쉬게 할 수 있지만 해외 유학은 단 한 달도 송금을 끊을 수 없다" 고 말했다.

자녀에 배우자까지 외국으로 보낸 '기러기' 들은 경제적 부담 외에도 외로움과 박탈감이 심하다. 회원 수 4400여명의 네이버 카페 '혼살모(혼자서도 재미나게 살고 있는 모임)' 에는 "주말에 취미를 공유하거나 외로움을 이겨낼 방법을 배우고 싶다" 는 기러기 아빠들의 사연을 쉽게 찾아볼 수 있다.

해외 유학이 사교육비 경감으로 이어지는 것도 아니다. 2015년 미국 스탠퍼드 대로 유학을 떠난 서울대 공대 졸업생 이경희 씨(24)는 현지 한인 학생을 상대로 수학·과학 과목을 가르쳐 용돈을 벌고 있다.

미국 사립고에 다니는 자녀를 둔 주부 이모씨(59)는 "미국이라고 사교육이 없다 고 생각하는 것은 오해"라며 "음악, 체육 등 특기활동에도 사교육비가 들어간다" 고 전했다.

상상력 사라진 교실

질문은커녕…교수 농담까지 '죽어라 필기만 하는 서울대생'

서울대 인문계열의 한 전공과목 강의실. 강의에 열중하는 교수의 목소리 사이로 100여명의 학생이 한 단어라도 놓칠새라 분주히 노트에 강의 내용을 받아 적는 소리가 들렸다. 노트북이나 스마트폰과 연결된 키보드로 강의 내용을 받아 치는 학생들도 눈에 띄었다. 강의가 끝날 무렵 교수가 "질문 있나요?"라고 물었지만 대부분 학생은 고개를 푹 숙이고 필기를 마무리하기 바쁜 모습이었다.

한 학생은 "교수가 말한 내용을 정확히 받아 적어야 중간고사에서 높은 점수를 받을 수 있다"며 "녹음기로 전체 강의 내용을 녹음해 다시 옮겨 적는 학생도 있다"고 말했다. 한국 최고 대학으로 꼽히는 서울대 강의실의 이런 풍경은 창의적인 인재 배출과 거리가 먼 대학교육 시스템의 문제를 여실히 보여준다. 입시 위주의 수동적인 교육에 길들여진 학생들, 10년 전 커리큘럼에서 크게 변하지 않은 공급자 중심의 수업 내용은 산업 현장과 대학 교육 간 괴리를 키우는 주요인으로 지적된다. OECD 최고 수준의 대학 진학률(70.9%·2014년 기준)을 기록하고 있지만 정작 기업들은 "바로 데려다 쓸 만한 인재가 없다"고 하소연하는 이유다.

입시 위주 교육에 길들여진 대학생

'서울대에서는 누가 A+를 받는가' 라는 책을 펴낸 이혜정 교육과혁신연구소 소장은 서울대에서 평점 4.0(4.3만점) 이상 받은 최우등생 46명에 대한 심층면접을 통해 그들의 고득점 비결을 분석했다. 이 박사가 관찰하며 발견한 공통점 한 가지는 '교수의 농담까지도 받아 적는 철저한 필기' 였다.

더 놀라운 것은 학생들의 맹목적인 수용성이었다. 이들 중 41명은 "교수보다 본인의 생각이 더 맞는 것 같아도 시험이나 과제에 자기 의견을 적는 걸 포기했다"고 답했다. 대학을 학점 등 취업 스펙을 쌓는 곳으로 생각하는 학생도 많다. 서울대 캠퍼스에서 만난 한 경영학과 학생은 "일부 대기업이 서류전형에서 학점을 안 보겠다는 방침을 밝혔지만 곧이곧대로 믿는 학생은 없을 것"이라며 "학점 관리는 가장 밑에 기본으로 깔리는 취업 스펙"이라고 했다.

기업 "톡톡 튀는 구직자는 많지만…"

질문하기를 꺼리는 대학 졸업생들이 취업 시장에 쏟아져 나오면서 산업 현장의 수요와 대학 졸업생 간 인력 수급 불균형은 커지고 있다. 한 대기업 관계자는 "톡톡 튀는 개성을 지닌 구직자는 많지만 채용해 보면 전공 분야에 대한 기본 개념도 이해하지 못하는 경우가 많다"며 "재교육에 드는 비용이 만만치 않다"고 털어놨다. 한국경영자총협회가 지난 2014년 전국 405개 기업을 대상으로 '신입사원 채용 실태' 를 조사한 결과 대졸 신입사원의 업무수행 평균 점수는 76.2점으로 2010년, 2012년 조사와 비교해 각각 2.8점, 1.7점 떨어졌다. 경총 관계자는 "구직자들의 스펙 수준이 높아졌을지 몰라도 기업들이 원하는 직접적인 업무수행 만족도 증가로는 이어지지 않고 있다"고 지적했다.

전문대로 U턴하는 4년제 졸업생

4년제 일반 대학을 졸업하고도 일자리를 구하지 못하는 학생 중에 취업을 위해 전문대에 재입학하는 사례도 늘어나고 있다. 유기홍 새정치민주연합 국회의원이 한국전문대학교육협의회에서 받은 자료에 따르면 4년제 대학 졸업생 중 전문대에 재입학한 학생은 지난 4년(2012~2015년)간 5017명이었다.

이들은 4년간 등록금으로 쓴 2288억원 외에 전문대 졸업을 위해 1569억원을 추가로 써야 한다. 이남식 계원예술대 총장(국제미래학회 회장)은 "산업 트렌드에 맞춰 교육 콘텐츠와 시스템을 유기적으로 변화시켜 나가는 선진 대학을 벤치마킹해야 한다"며 "교수에게 맞춰 커리큘럼이 짜이는 우물 안 대학교육으로는 기업들의 요구를 따라갈 수 없다"고 말했다.

한국경제신문이 한국개발연구원과 공동으로 경제전문가 400명을 대상으로 실시한 설문조사에서도 전문가들은 산업 현장과 대학 간 인력 수급 불균형을 바로잡기 위한 해법으로 △산학연계 프로그램 활성화(36.3%) △현장 중심의 대학교육(30.3%) △중소기업 청년고용 유인책 강화(17%) △취업진로 지원 프로그램 제공(10.3%) 등을 꼽았다.

선진국은 SW 교육
한국은 바느질 교육

/ 　김기식 KAIST 교수는 "기계와 사람이 일자리를 놓고 경쟁하는 시대가 머지않았다"고 주장하는 국내 대표적인 인공지능 전문가다. 기계가 똑똑해지면 사람이 지금 하는 일을 대부분 대신할 수 있다는 것이다. 김 교수가 우려하는 세대

는 지금 10대인 학생들이다. "인류 역사상 처음 기계와 일자리를 놓고 본격적으로 다투게 될 것"이라는 게 그의 예측이다. 그는 "우리가 이들에게 경쟁에서 이길 도구를 하나도 가르쳐주고 있지 않아 '잃어버린 세대'가 될 가능성이 크다"고 경고했다.

세계 각국이 의무 교육과정에 '코딩'을 속속 넣는 것은 변화하는 시대에 맞춰 학생들에게 새로운 학습능력을 심어주기 위해서다. 코딩은 컴퓨터 언어인 프로그래밍의 기본 개념과 원리를 가르치는 교육이다. 디지털 시대에 맞춰 아이들에게 사고력과 문제해결 능력, 창의력을 키워주자는 것이다. 모든 사물이 인터넷으로 연결되고 소프트웨어ᔆᵂ가 가득한 세상이 되면 컴퓨터 언어를 필수적으로 알아야 한다는 생각이 깔려 있다.

미국, 영국, 이스라엘 등 '스타트업'이 활성화된 국가들에서는 이미 '코딩 열풍'이 불고 있다. 미국은 민간 단체가 코딩 교육을 이끌고 있다. '1주일에 한 시간 코딩을 하자'는 '아워 오브 코드' 캠페인이 대표적이다.

산업혁명의 진원지였던 영국은 필수 교육과정에 코딩을 넣은 대표적 국가다.

2014년 9월부터 초·중·고등학교 과정 모두에 코딩이 교과목으로 들어갔다. 이스라엘은 1994년부터 고교 과정에 컴퓨터과학을 포함했다. 2010년부터는 중학교에서도 컴퓨터과학을 가르치기 시작했다. 이 밖에 에스토니아는 2015년부터 초등학생 모두에게 코딩을 가르치기 시작했고, 핀란드는 2015년 7월 필수 교과목이던 손글씨 수업을 폐지하고 컴퓨터 활용교육을 강화하기로 했다. 프랑스도 2016년 9월 신학기부터 중학교 정규 과목으로 소프트웨어를 넣기로 했다.

반면 IT 강국을 자처하는 한국의 교육과정 및 교과 재편 작업은 매우 더디다. 정부는 2018년부터 초등학교 5학년 실과 과목에 소프트웨어 교육을 넣기로 2015년 결정했다. 중학교에선 선택과목인 '정보'를 필수과목으로, 고교에서는 심화선택인 '정보'를 일반선택으로 바꾸기로 했다. 하지만 전공 교사를 두는 대신 다른 과목 교사들의 추가 교육을 통해 코딩을 가르치려 해 벌써부터 우려의 목소리가 나온다.

PART 8

남 탓만
하는
대한민국

01

남 탓만 하는 대한민국

나라 탓하는 '헬조선' …
부모 탓하는 '흙수저'

/   5명이 숨지고 수백명의 이재민이 발생한 의정부 아파트 화재 현장. 헬기 2대가 아파트 상공을 선회하며 생존자 구조에 나섰다. 화재로 발생한 검은 연기가 하늘로 솟구쳐 올라 헬기의 시야가 제대로 확보되지 않는 아찔한 상황이었다. 헬기에 탄 소방관들은 이런 위험을 무릅쓰고 옥상으로 대피해 있던 4명을 구조했다.

하지만 이들 소방관은 이후 주민들의 원성에 시달렸다. 주민들은 "헬기가 아파트 상공에서 바람을 일으키는 바람에 화재가 확산됐다"며 김석원 당시 의정부 소방서장의 해명을 요구했다. 김 서장은 "건물 외벽이 가연성 자재라 불길이 번진 것이지 헬기 프로펠러와는 무관하다"며 "고층 건물에 화재가 발생하면 옥상 생존자를 헬기로 대피시키는 건 소방 대응의 기본"이라고 설명했지만, 주민들의 불만은 수그러들지 않았다. 의정부소방서 관계자는 "대원들이 힘들게 출동해 생존자를 구하고도 욕을 먹은 사례"라며 "재난이나 어려움이 닥쳐도 자신의 안위만 생각하는 사람이 많은 것 같다"고 씁쓸해했다.

메르스 사태와 '남탓충'

한국 사회가 직면한 위기의 이면엔 경제 규모나 국제적 지위에 비해 선진화하지 못하고 있는 시민의식이 자리잡고 있다. 그중에서도 문제가 생기면 책임을 남에게 미루는 '남 탓 문화'가 심각하다고 전문가들은 지적한다.

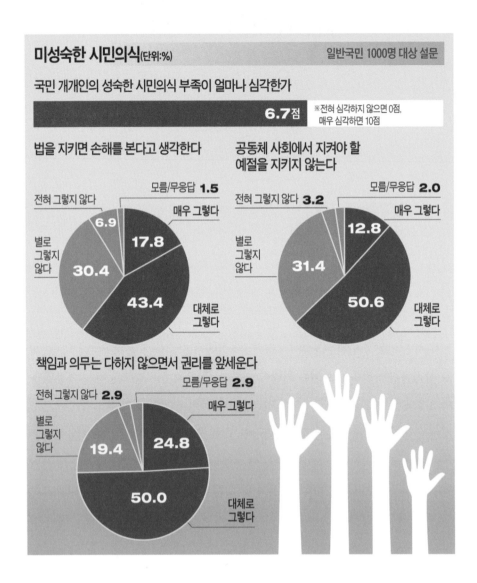

미성숙한 시민의식 (단위:%) 일반국민 1000명 대상 설문

국민 개개인의 성숙한 시민의식 부족이 얼마나 심각한가

6.7점 ※전혀 심각하지 않으면 0점, 매우 심각하면 10점

법을 지키면 손해를 본다고 생각한다
- 모름/무응답 1.5
- 매우 그렇다 17.8
- 대체로 그렇다 43.4
- 별로 그렇지 않다 30.4
- 전혀 그렇지 않다 6.9

공동체 사회에서 지켜야 할 예절을 지키지 않는다
- 모름/무응답 2.0
- 매우 그렇다 12.8
- 대체로 그렇다 50.6
- 별로 그렇지 않다 31.4
- 전혀 그렇지 않다 3.2

책임과 의무는 다하지 않으면서 권리를 앞세운다
- 모름/무응답 2.9
- 매우 그렇다 24.8
- 대체로 그렇다 50.0
- 별로 그렇지 않다 19.4
- 전혀 그렇지 않다 2.9

2015년 들어 인터넷에선 '남탓충'이라는 신조어가 유행하고 있다. '남 탓'에 '벌레 충蟲'을 붙인 것으로, 문제만 생기면 남에게 책임을 미루는 이들을 비판하는 단어다. 인터넷 신조어가 나올 만큼 남 탓 문화가 광범위하게 퍼져 있다는 방증이다. 대표적인 사례로는 2015년 6월 메르스(중동호흡기증후군) 사태 때 나타난 일부 시민의 행태가 꼽힌다. 정부 책임을 질책하면서도 스스로는 자가 격리 등 메르스 확산을 막기 위한 행동수칙을 지키지 않은 사람들이었다. 메르스 환자와 접촉하거나 환자가 발생한 병원을 이용해 자가 격리자로 지정됐음에도 지방으로 여행을 가거

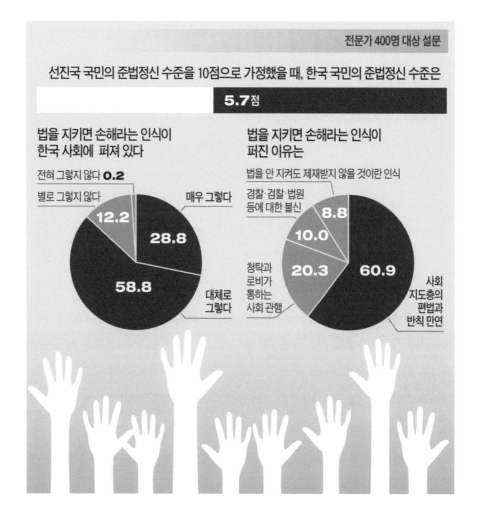

전문가 400명 대상 설문

선진국 국민의 준법정신 수준을 10점으로 가정했을 때, 한국 국민의 준법정신 수준은

5.7점

법을 지키면 손해라는 인식이
한국 사회에 퍼져 있다

전혀 그렇지 않다 0.2
별로 그렇지 않다
12.2
28.8
매우 그렇다
58.8
대체로 그렇다

법을 지키면 손해라는 인식이
퍼진 이유는

법을 안 지켜도 제재받지 않을 것이란 인식
경찰·검찰·법원 등에 대한 불신
8.8
10.0
20.3
60.9
청탁과 로비가 통하는 사회 관행
사회 지도층의 편법과 반칙 만연

나 목욕탕 등 공공시설을 이용한 것이다. 당시 네티즌들은 "스스로 정부 지침을 따르지 않으면서도 입만 열면 정부 탓을 하는 사람이 너무 많다"고 지적했다.

대기업을 탓하는 문화도 여전하다. 시민단체와 야당 일각에선 최근의 경기 침체를 대기업들이 사내유보금을 쌓아놓고 풀지 않은 탓으로 돌리고 있다. 하지만 2014년 말 30대 그룹의 사내유보금 683조원 중 현금과 단기금융상품 등 현금성 자산은 118조원 정도다. 2012년 비금융 상장사의 총자산 대비 현금성 자산 비중은 9.3%로 그 비중이 14.8%에 이르는 유럽연합ᴱᵁ 등에 비하면 낮은 수준이다.

최경환 부총리 겸 기획재정부 장관은 국정감사에 출석해 "한국 대기업들은 세계시장에서 경쟁하고 있는데 국내 잣대로 평가하면 안 된다. 삼성그룹의 사내유보금은 애플과 비교해 절대 많지 않다"고 말했다.

"모든 것은 국가 · 부모 탓" 식의 남 탓 문화는 국가와 자신의 처지를 비하하는 방향으로까지 확대되고 있다. 최근 유행하는 '헬조선', '흙수저' 등의 단어가 단적인 사례다. 헬조선은 지옥을 뜻하는 '헬ʰᵉˡˡ'을 '조선'에 붙인 단어로 '한국이 지옥에 가깝고 전혀 희망이 없는 사회'라는 뜻으로 사용되고 있다. 흙수저는 부유층 자녀를 뜻하는 '은수저'나 '금수저'에 대비되는 단어로, 스스로가 가진 것 없는 서민층에서 태어났음을 자조하는 표현이다. 한 시민단체 관계자는 "헬조선에 살고 있으니 노력을 해도 의미가 없다는 식으로 자기 자신을 정당화하고, 모든 것이 결국은 나라 탓이라는 의미"라며 "흙수저도 가난의 책임을 부모에게 돌린다는 점에서 남 탓을 정당화하는 단어로 볼 수 있다"고 분석했다. 1990년을 전후해 한국 사회에 큰 파장을 일으켰던 '내 탓이오' 운동을 주도했던 천주교 평신도협의회의 최홍균 전 회장은 남 탓 문화의 원인을 권위의 붕괴에서 찾았다.

그는 "민주화 이후 권위 자체가 적대시되고 이념에 따라 시민 사회가 분열하면서 상대방을 탓하는 문화가 기승을 부리게 됐다"며 "스티커 40만장이 소진되는 등 큰 호응을 얻었던 내탓이오 운동도 다른 한쪽에서는 '노태우 정부를 도와주는 것'이라는 비판을 받아야 했다"고 말했다.

02

떼법 조장하는 시민단체

"챙길 수 있는 것은 多 챙기자"…

2015년 8월 31일 경기 평택시청 앞에는 붉은 머리띠를 두른 용인 시민 700여명이 몰려와 경찰과 대치했다. 앞줄엔 '평택시청 물러가라'는 어깨띠를 두른 정찬민 용인시장이 있었다. 용인 일부 지역을 지나가는 고압송전선 설치 반대를 위한 집회였다.

한국전력은 신설 예정인 삼성전자 평택 반도체공장에 전기를 공급하기 위해 17㎞ 구간에 고압송전선을 설치하기로 했는데, 송전선이 용인과 안성 일부 지역을 지나도록 설계된 게 빌미가 됐다. 7월엔 안성 시민 1000여명이 전남 나주의 한국전력 본사 앞에서 시위를 벌이기도 했다.

송전선을 둘러싼 평택과 안성, 용인 지역의 갈등은 해결 기미가 보이지 않고 있다. 그 여파로 15만여명의 일자리를 창출할 것으로 기대되는 삼성전자 평택공장 건설사업은 하염없이 지체되고 있다.

한국항공우주산업KAI도 연구개발센터 설립을 추진하는 과정에서 지방자치단체 간 갈등에 골머리를 앓고 있다. 경남 사천에 본사를 둔 이 회사는 '우주탐사

연구개발센터'를 경남 진주에 설립할 계획을 발표한 뒤 사천시의 강한 반발에 봉착했다.

사천 시민단체들은 "본사를 둔 사천에 센터를 설립해야 한다"며 회사를 압박하고 있다. KAI 관계자는 "회사의 경쟁력을 약화시키는 경영 간섭이 지나치다"며 "시민단체까지 가세해 갈등은 점점 커지고 있다"고 털어놨다.

지역이기주의와 사람들을 동원해 자기들의 주장을 관철하려는 '떼법'은 한국의 미래를 어둡게 하는 한 요인이다. 지역에 손해가 된다고 판단되면 민·관을 가릴 것 없이 일단 반대부터 하고 나선다. '챙길 수 있을 때 챙기자'는 심리가 깔려 있다는 지적이다. 이 때문에 기업들이 추진하는 사업이 지체되는 경우가 다반사다.

이념에 매몰된 시민단체들까지 가세하면 갈등은 걷잡을 수 없이 커진다. 단국대 분쟁해결연구센터에 따르면 시민단체가 공공분쟁의 제3자로 개입하면 분쟁지속 기간이 평균 194일, 분쟁 당사자로 개입하면 평균 522일 늘어났다. 2010년 9603개였던 시민단체 수는 2014년 1만2252개로 늘었다. 매년 약 500개가 새로 생겨난 것이다.

불법주차 단속하니 "왜 나만 갖고 그래"

/ 서울 용두동의 한 주택가 골목길. 폭 5m의 좁은 길을 이삿짐센터 차가 가로막고 있었다. 도로 가장자리엔 다른 차량도 주차돼 있었다. 행인들은 차량 사이로 몸을 비집고 다녀야 했다. 차를 빼라는 동대문구 단속반원의 요구에 한 차량 주인은 "누가 신고했느냐"고 오히려 큰소리를 쳤다. 단속반원은 동행한 기자에게

"불법주차를 하고도 '저 차는 왜 안 잡고 나만 잡느냐'고 따지는 게 다반사"라며 "때론 멱살을 잡히기도 한다"고 말했다.

불법주차 단속 현장뿐만이 아니다. 공권력을 행사해야 하는 곳 어디에서나 공무원들은 "왜 나만 갖고 그래"라는 시민들의 거센 항의에 직면한다. 이런 행태는 법을 지키면 손해이고, 과정보다는 결과가 중요하다는 인식에서 비롯됐다는 지적이다.

한국경제신문과 한국리서치의 설문조사를 보면 응답자의 61.2%가 '법을 지키면 손해를 본다'고 생각하는 것으로 나타났다.

한국개발연구원이 전문가 400명을 대상으로 벌인 조사에선 무려 87.6%가 '법을 지키면 손해라는 인식이 우리 사회에 광범위하게 퍼져 있다'고 답했다. 이렇다 보니 기초질서가 제대로 지켜지지 않는 것은 물론이고, 사회 각 분야에서 편법과 새치기가 만연한 지 오래다. 최준선 성균관대 법학전문대학원 교수는 "예컨대 최근 문제가 된 사회지도층 자녀의 특혜채용 논란 등은 공정한 경쟁에 대한 젊은 이들의 믿음을 뒤흔든 대표적인 사례"라며 "사회 지도층부터 과정을 중시하고 법과 규칙을 따르는 등 솔선수범을 보여야 한다"고 말했다.

툭 하면 제비뽑기…
운이 좌우하는 '추첨공화국'

실력과 노력으로 갈라야 할 성패成敗를 운運에 맡기는 추첨제가 한국 사회 전반으로 퍼지고 있다. 국공립 유치원과 국제중, 자율형 사립고 입학은 물론 대학생 아르바이트와 공무원 선발에까지 추첨제를 도입하고 있다. 경쟁 결과에 승복하지 않는 사회의식에다 특혜 시비 등 잡음을 피하려는 정부의 무책임이 어우러진 결과다. 노력보다는 복불복福不福으로 정해지는 것들이 늘면서 한국 사회의 활력을 떨어뜨리고 있다는 지적이다.

경찰청이 의무경찰 선발제도를 추첨제로 바꾸기로 한 게 대표적이다. 기존에는 능력검사와 인성·체력검사, 면접 등 경쟁 절차를 거쳐 선발했다. 하지만 일부 탈락자가 한국어 상식 등이 포함된 능력검사를 들어 '성적순으로 의무경찰을 뽑느냐'고 반발하자 능력검사를 없애고 기본검사 통과자를 대상으로 한 공개 추첨제로 바꾸기로 했다.

치열하고 공정한 경쟁이 벌어져야 할 학교 입학 전형에도 추첨제가 퍼지고 있다. 전국의 국제중은 2014년까지 1단계 서류심사–2단계 추첨으로 신입생을 뽑던 것을 2015년부터는 추첨으로만 선발하고 있다. 교육부는 자사고도 입학 전형 때 성적순이 아닌 추첨제 방식을 선택하도록 유도하고 있다.

조동근 명지대 경제학과 교수는 "추첨제는 기회보다는 결과의 평등을 강조하는 것"이라며 "노력하는 사람들만 피해를 보게 된다"고 지적했다.

한국 사회에 추첨제가 늘고 있는 근본 원인은 치열한 경쟁의 결과를 패자나 탈락자가 받아들이지 않는 경우가 많기 때문이라고 전문가들은 입을 모은다. 이들이 우열의 결과에 승복하지 않고 특혜 시비 등을 제기하면 정부가 일반적으로 선택하는 방법이 '제비뽑기'다. 운으로 결정되는 만큼 패자의 불만이 상대적으로 적다는 이유에서다. 패자나 탈락자에게 경쟁의 정당성을 적극적으로 설명하고, 결과를 설득하기보다는 가장 잡음 없는 추첨제를 도입하는 정부의 무책임도 문제라는 지적이다.

불만 생기면 추첨제 도입

서울시는 2015년 초 공원을 관리하는 근로자 300명을 추첨으로 선발했다. 기간제 근로자이긴 하지만 정규직 전환율이 높아 인기가 많은 자리다. 시간제 아르바이트를 추첨으로 뽑는 경우는 있어도 직원을 제비뽑기로 선발하는 건 처음 있는 일이다. 서류심사, 실기·체력 검사를 거친 최종 후보자들은 서울시 공원녹지사업소 사무실에 모여 제비를 뽑았다. 합격이라고 쓰인 종이를 뽑은 후보자 30% 정도만 최종 합격했다. 이전에는 심사위원들이 최종 면접에서 해당 업무에 가장 적합한 사람을 뽑았다. 서울시 관계자는 "채용 시기를 앞두고 서울시 의원들의 청탁이 끊이지 않고 인맥으로 채용한다는 근거 없는 불만이 나와 제비뽑기를 도입했다"고 설명했다.

교육부가 자율형사립고의 입학 전형을 성적순이 아닌 추첨제 방식으로 유도하고 있는 것도 일부 탈락 학생들의 불만을 무마하기 위해서란 분석이다. 이에 따라 서울 자사고 중 경문·숭문·장훈고는 2016년부터 신입생 전원을 추첨으로만 선발하기로 했다.

정부가 카투사(주한미군 부대에 배속된 한국인 병력) 선발 방식을 추첨으로 바꾼 것도 마찬가지다. 1998년 이전에는 영어 점수가 높은 지원자 순으로 선발했지만 탈락자들의 불만과 민원이 쏟아지자 일정 영어점수 이상자 중에서 추첨으로 뽑고 있다. 민경국 강원대 경제학과 명예교수는 "경쟁이 치열할수록 패자들의 불만이 크고, 이 불만을 이기지 못하는 정부가 무책임하게 선택하는 게 제비뽑기"라고 말했다.

경쟁 꺼리는 사회의식 강해

전문가들은 '기회의 평등'을 경시하고 경쟁을 꺼리는 사회의식도 추첨제를 부추긴다고 지적한다. 경쟁에 따른 우열의 결과를 인정해야 하는데, 이를 받아들이지 않는 풍조가 만연해 있다는 것이다. 여기에는 경쟁 과정에 특혜가 작용한다는 불신도 한몫하고 있다.

국·공립 유치원 입학 전형이 대표적이다. 국·공립 유치원은 애초 선착순 방식으로 원아를 뽑았다. 부지런하게 준비한 부모에게 기회를 더 준 것이다. 하지만 선발 과정에서 특혜 시비가 끊이지 않았다. 정부는 결국 2012년 추첨제를 전면 도입했다.

김정식 연세대 경제학과 교수는 "추첨제 선호는 보편적 복지를 원하는 심리와 비슷하다"며 "개인의 노력으로 생긴 공정한 차이보다는 복불복이어도 결과만 평등하면 된다는 사고방식이 문제"라고 지적했다.

전문가들은 추첨제가 아닌 건전한 경쟁시스템을 유지하려면 취약계층에 대한 배려 강화 등 보완책이 강구돼야 한다고 설명한다. 예컨대 국제중학교나 자율형 사립고 등에서 신입생을 뽑을 때 저소득층에 일부 정원을 할당하고 별도로 전형하는 것과 같은 방식을 확대해야 한다는 것이다.

조동근 명지대 경제학과 교수는 "빈부 격차로 기회의 평등이 지켜지고 있지 않다는 불신 때문에 사람들이 추첨제를 선호하는 경향이 있다"며 "취약계층을 좀 더 배려하는 방법으로 이런 문제를 해결해야 한다"고 말했다.

늘어나는 제비뽑기 폐해

추첨 입학생 실력 격차… 한 달도 안 돼 7명 전학

한국 사회에 추첨제가 깊숙이 자리 잡으면서 이에 따른 부작용도 늘고 있다.

서울의 한 국제중학교는 추첨으로 신입생을 뽑으면서 생겨난 학생들의 실력 격차 때문에 고민이 많다. 몇 년 전엔 탁구공 추첨으로 입학 당락을 결정한 지 한 달도 안 돼 7명의 전학자가 나오기도 했다. 실력이나 잠재력을 보지 않고 '탁구공 색깔'로 당락을 결정한 탓에 학생도, 교사도, 학부모도 힘들어 했다. 입학 전 특별수업까지 했지만 학생들의 실력 격차를 메우기엔 역부족이었다.

국공립 유치원 모집 방식이 선착순에서 추첨제로 전환된 뒤 학부모들의 불만이 쏟아졌다. 한 학부모는 "불안한 마음에 집에서 거리가 먼 유치원까지 지원했다가 아이만 고생시키고 있다"며 "차라리 다른 기준이 있으면 납득할 텐데 운에 따라 결정되니 붙여놓고도 억울한 마음이 생긴다"고 말했다.

추첨제의 확산이 사회 전반의 활력을 떨어뜨리는 요인이 될 것이라는 우려도 높다. 하루아침에 추첨제로 바뀜에 따라 그동안 묵묵히 노력해온 사람들의 박탈감이 커진 것도 문제다. 추첨제로 바뀌는 의무경찰 선발 시험을 준비하는 김윤식 씨(22)는 "몇 년간 의경 시험을 준비했는데 노력하지 않은 사람들과 똑같이 운에 따라 결정된다고 생각하니 허무하다"고 말했다.

추첨제도가 불필요한 수요를 유발해 사회적인 비용 낭비로 이어지거나 비리나 편법을 조장할 수 있다는 비판도 제기된다. 지방자치단체와 LH(한국토지주택공사) 등이 공급하는 공공택지 추첨엔 사업 능력이 없는 투기 세력이 참여하는 일이 공공연히 일어난다. 일단 추첨에 참여하고 당첨되면 곧바로 전매해 이득을 얻는 것이다. 건설업계 관계자는 "건설사들이 협력사 등 수십 곳을 동원해 추첨에 참여하게 해 당첨 확률을 높이는 편법도 횡행하고 있다"고 말했다.

오세일 서강대 사회학과 교수는 "얼핏 보기엔 추첨이 공정해 보일 수 있지만 일부 특권층의 물밑거래가 존재하고 나머지 부분에 대해서만 추첨이 적용될 수 있다는 불신이 팽배한 우리 사회 풍토에서 적절한지는 의문"이라고 말했다.

제비뽑기 백태

비례대표 선거인단 '뽑기' 로 구성…
관공서 대학생 알바도 추첨

사회 곳곳 '운수 경쟁'

희소한 기회나 권리를 추첨으로 무작위 배분하는 사례는 사회 곳곳에서 포착된다. 여론에 민감한 정치권과 공공단체 등은 물론 최근엔 종교계까지도 '복불복'의 유혹에 흔들리고 있다.

2014년 5월 새정치민주연합 전북도당 익산시의회 비례대표 경선 출마자들의 운명은 제비뽑기로 갈렸다. 시·도의원 비례대표 후보자를 뽑는 선거인단이 추첨으로 구성됐기 때문이다.

당은 후보 6명이 각각 200명씩 제출한 총 1200명의 선거인단 명부에서 경선 당일 무작위 추출로 400명을 뽑았다. 자기가 제출한 선거인단 명부에서 많은 사람이 뽑힌 후보자일수록 경선에서 유리했다. 당내에서조차 '정책 경쟁' 이 아닌 '재수 경쟁' 이란 비판이 나왔다.

근무 환경이 쾌적하고 공무 체험의 기회까지 얻을 수 있어 대학생 사이에서 '꿀알바' 로 불리는 관공서 행정보조 아르바이트 자리도 운이 없으면 얻기 힘들다. 여름방학 기간 근무할 대학생을 모집한 충북 보은군청은 2015년의 경우 지원자가 140여명에 달하자 차상위계층·기초생활보장 수급자 30여명을 우선 선발한 뒤 나머지 20여명은 추첨으로 선발했다. 제비를 뽑는 순서에 따라 결과가 다를 수 있다는 민원이 제기돼 제비 뽑을 순번을 제비뽑기로 정하는 촌극까지 벌어졌다.

추첨으로 아르바이트생을 선발한 충북 청주시는 공개추첨 행사에 경찰관까지 입회시켰다.

산림청 국립자연휴양림관리소는 주말 휴양림 이용 예약 방식을 컴퓨터 무작위 추첨제로 바꿨다. 기존엔 인터넷 선착순 신청 방식이었다. 부지런히 노력하면 할 수 있었던 예약이 운에 의해 결정되는 데 대한 이용자들의 불만이 높다. 추첨제는 종교계에도 스며들어 있다. 대한예수교장로회는 목사 부총회장 선거 때 후보자가 세 명 이상이면 제비뽑기로 두 명을 선출한다. 두 명을 놓고 대의원 1500명이 직접선거로 당선자를 가린다. 2001년부터 10년간은 완전 제비뽑기로만 선출하다가 후보자 검증 등이 필요하다는 이유로 2010년 이같이 개정했다. 하지만 교계 일각에서는 현행 방식도 제비뽑기의 틀을 벗어나지 못했다고 비판하고 있다.

실력 아닌 '실수 평가'로
병드는 대한민국

／ 우리 사회에 실력이 아니라 실수 여부로 사람을 평가하는 사례가 확산되고 있다. 대학수학능력시험 등 학습 능력평가는 물론 공무원, 군인, 전문경영인의 진급과 승진, 고위 공직자의 인사검증과 국회 인사청문회에서까지 능력보다는 누가 실수를 덜 했는지를 따지는 게 핵심 잣대가 됐다는 지적이다. 치열한 경쟁을 통해 갈라야 하는 승부가 '실수 피하기 게임'으로 변질되면서 도전의식이 사라지고 무사안일이 만연한다는 비판이 나온다.

실수로 한 문제만 틀려도 등급이 내려가는 '물수능'(쉬운 수능)이 단적인 사례다. 교육계 관계자는 "수능 출제기관인 한국교육과정평가원이 최근 수년간 쉬운 문제만 골라내면서 대학 입시는 '갈고닦은 실력을 겨루는 무대'가 아니라 '누가 실수를 덜 하느냐'의 싸움이 됐다"고 말했다.

'실수 안 하기 경쟁'은 공직사회에도 만연해 있다. 사회적 논쟁을 불러일으키거나 책임질 만한 일이 생기면 결정을 미루고 회피하는 풍조가 심해지고 있다는 게 전문가들의 지적이다. '내 임기 중에만 아니면 된다 not in my term · NIMT'는 말이 공무원 사이에 유행할 정도다. 최근 고위 공직자 인사검증 때 후보자의 자질과 능력보다는 업무과정에서 실수를 했는지를 따지면서 실수에 대한 공무원의 두려움이 커지고 있다는 분석이 나온다. 경영상 판단 착오조차 배임죄로 단죄하는 사법적 판단 때문에 기업 최고경영자^{CEO} 역시 몸을 사리는 경향이 강하다.

이재열 서울대 사회학과 교수는 "실수 평가의 바탕엔 사소한 실수를 트집 잡아 남을 끌어내리려는 뿌리 깊은 평준화 의식이 깔려 있다"며 "상대의 실력을 인정하지 않는 한 한국 사회의 역동성과 혁신을 기대하기 어렵다"고 말했다.

"실수하지 말고 중간만 가자"…도전·창의 막는 사회

실수 한 번이 인생을 좌우하는 잘못된 성과 보상 체계가 결과에 대한 무사안일을 부추기고 있다. 펀드매니저업계가 대표적이다. 일반적으로 최소 3년 이상의 주식투자 실적을 기준으로 성과를 평가하는 미국 등 금융 선진국과 달리 한국에서는 짧게는 3개월, 길게는 1년 단위로 펀드 수익률에 대한 평가가 이뤄진다. 독창적인 관점으로 상장사를 연구해 미래 우량주를 발굴하기보다는 다른 펀드매니저가 많이 보유하는 '유행하는 주식'을 따라 사서 평균 정도의 수익률을 기록하는 게 장수 비결이라는 한탄이 나온다. 안동현 서울대 경제학부 교수는 "예컨대 10억원을 벌었을 때 보상 수준은 낮고 1억원 잃었을 때 해고되면 누구나 도전을 기피하는 '위험 중립적'인 성향을 갖게 된다"며 "우리 사회의 성과 보상 체계가 위험 회피에 치우쳐 있는 게 문제"라고 진단했다.

실수 안 하기로 변질된 경쟁

우리 사회 곳곳에서 '실수 안 하기 경쟁'이 벌어지고 있는 것은 도전 과정에서의 실수를 꼬투리 잡아 끌어내리려는 하향 평준화 성향, 경쟁의 과정보다 겉으로 드러난 결과를 중시하는 사회 의식 등이 복합적으로 작용한 결과라는 게 전문가들의 분석이다.

한준 연세대 사회학과 교수는 "사회 의식이 기회의 평등보다는 결과의 평등을 강조하다 보니 치열한 경쟁 결과에 차등이 생기는 것을 용납하지 않는 분위기가 만연해 있다"며 "그러다 보니 경쟁 과정에서의 실수를 빌미 삼아 끌어내리려는 풍조가 확산된 것"이라고 말했다. 이른바 '물수능' (쉬운 수학능력시험)이 단적인 사례다. 한 교수는 "창의적이고 도전적이다 보면 실수가 생길 수밖에 없다"며 "우리 사회가 '튀는 사람'을 싫어하다 보니 '중간쯤 가는 사람'을 양산하는 부작용을 낳고 있다"고 설명했다. 고위 공직자의 인사 검증이나 국회 인사청문회 과정에서 '국민 정서법'의 잣대를 들이대는 것도 비슷한 현상이란 지적이다. 리더로서의 자질과 능력을 따지기보다는 과거 사소한 잘못까지 들춰내 낙마시키거나 공개적인 망신주기로 몰아가는 것도 왜곡된 평등의식의 발로라는 것이다. 결과적으로 '적당히 실수 안 하는 사람'을 선호하는 분위기를 부추겨 창의력과 역동성을 저해하고 사회 발전을 가로막는다는 지적이다.

조급증과 무사안일만 팽배

안정형 인간을 양산하는 '실수 안 하기 경쟁'의 폐해는 교육현장에서부터 나타나고 있다. 이재열 서울대 사회학과 교수는 "학생들이 고등학교 때부터 악착같이 실수 안 하기에 신경쓰다 보니 '순응주의 경향'이 점점 심해지고 있다"며 "강의 시간에도 강의 내용에 대한 반론과 토론보다는 과제 분량과 마감 시한을 놓치지 않으려고 질문하는 경우가 많다"고 전했다.

이미 사회 곳곳에선 '사라진 도전의식'에 대한 경고등이 켜졌다. 윤증현 전 기획재정부 장관은 "미래 인재들이 공무원이나 공공기관 등 창의성을 요구하기보다는 안정성을 갖춘 분야에 몰리는 것은 도전의식 부재의 한 단면"이라며 "우리 사회의 희망이 사라지고 있다는 방증"이라고 우려했다. 안 교수는 "실수 같은 시행착오 과정 없이는 발전이 없다"며 "시행착오를 받아들이지 않는 얕은 사회 풍토에서는 조급증과 무사안일만 넘쳐날 수밖에 없다"고 지적했다.

산업 현장에서 기업가 정신이 사라지는 것도 실수를 용납하지 않으려는 사회 의식과 무관하지 않다는 지적이다. 정갑윤 국회 부의장은 "경영상 판단조차 사법적 잣대를 들이대 배임죄를 적용하니 기업인들도 책임을 지고 적극적인 투자에 나서지 못하고 있는 것"이라고 말했다. 전문가들은 개인의 실수를 감싸줄 수 있는 사회 문화가 필요하다고 조언했다. 시행착오나 실수가 발전의 밑거름이 될 수 있는 만큼 기다려줄 수 있는 관용의 자세가 필요하다는 것이다. 이재열 교수는 "문제가 생겼을 때 희생양을 찾는 게 아니라 조직 차원에서 근본적인 개선점을 찾는 게 중요하다"고 말했다.

공직 사회에 만연한 'not in my term' 현상

'실수 안 하기 경쟁'은 공직사회에도 뿌리 깊게 만연해 있다. 정책이란 게 국민의 삶과 직결되는 만큼 조그만 실수도 책임이 뒤따르는 것은 당연하다. 하지만 기업인의 사소한 판단착오까지 배임죄를 씌워 과도한 책임을 묻는 것처럼 공직자에게도 비슷하게 책임을 추궁하는 탓에 실수를 회피하려는 경향이 두드러진다. 이것이 공무원의 '복지부동'을 불러오고, 더 나아가 '무책임 행정'을 양산하는 결과를 낳는다는 지적이다.

공직사회에 팽배한 'not in my term' 현상이 단적인 사례다. 어떤 결정으로 책임을 뒤집어쓰는 것을 두려워한 나머지 임기 동

실수 안 하기 경쟁
10억 벌면 '찔끔 보상'…
1억 손실나면 해고하는 시스템
펀드매니저도 위험 회피 급급
정교한 실력 검증시스템 없어
사회 역동성 계속 갉아먹어

안에는 책임지는 일을 하지 않으려는 풍조다. 정부 한 관계자는 "실수, 혹은 판단착오로 인해 그동안의 경력을 송두리째 잃을 수 있다는 두려움이 공직자들을 움츠리게 하고 소신있는 행동을 막는 가장 큰 요인"이라며 "이른바 '변양호 신드롬'은 아직도 공직사회에 뿌리 깊게 남아 있다"고 말했다.

이로 인해 빚어지는 문제는 한두 가지가 아니다. 당국이 소신을 갖고 추진해야 할 중요 정책과제가 누락되는 것이 대표적이다. 기업 구조조정 실종이 그런 사례다. 한국은행에 따르면 3년 이상 영업이익으로 이자조차 갚지 못하는 한계기업은 2009년 2698개에서 2014년 3295개로 늘었다. 경기 침체로 이런 '좀비zombie 기업'은 계속 늘고 있지만 기업 구조조정은 별다른 진척이 없다. 최근 금융위원회가 뒤늦게나마 유암코(연합자산관리)를 통해 한계기업 구조조정을 추진하기로 했지만 공급 과잉으로 구조적인 장기 불황에 처한 조선, 철강 등에 대한 산업 차원의 구조조정은 손도 대지 못하고 있다.

장관을 지낸 한 전직 관료는 "공직자들이 구조조정에 적극적으로 나서지 못하는 근본적 이유는 처벌이 두렵기 때문"이라며 "잘못 개입했다가는 뒤탈이 날 수 있기 때문에 소극적 자세로 일관할 수밖에 없다"고 말했다.

그는 "누군가 배짱을 갖고 용기있게 칼을 휘두르는 공직자가 나오길 바라는 것 말고는 방법이 없다"며 "하지만 요즘 공직사회 분위기에서 그런 기대는 불가능에 가깝다"고 했다. 금융당국에선 전직 금융감독원 고위 관계자가 모 건설 대기업 워크아웃 과정에서 실사를 맡았던 회계법인에 압력을 행사한 혐의로 구속된 것이 공무원들이 더욱 몸을 사리는 계기가 됐다고 보고 있다.

공무원들이 규제 개혁에 소극적인 것도 마찬가지 이유에서다. 규제를 풀었다가 자칫 시민단체 등의 소송에 휘말려 책임을 질 공산이 크기 때문이다. 정부 관계자는 "오죽하면 국무총리가 나서 규제를 풀지 않는 공무원의 소극적인 자세도 비리로 간주해 처벌하겠다는 얘기를 하겠느냐"고 반문했다.

'패자부활전' 막힌 사회… 창업 재도전, 한국 0.8 vs 미국 2.8회

한 번의 실수나 실패도 허용하지 않는 문화가 퍼지면서 한국에서는 재도전이 힘들다는 우려가 나오고 있다. 사회 곳곳에서 '패자부활전'이 막혀 역동성이 떨어지고 있다는 지적이다.

재창업이 대표적이다. 박근혜 정부가 창업을 독려하고 있지만 한 번 실패한 기업인이 다시 일어서기는 여전히 쉽지 않다는 분석이다. 금융위원회와 중소기업청이 기업 1585곳의 사례를 조사한 결과 개인사업자가 사업에 실패하고 재도전하는 횟수는 평균 0.8회였다. 이에 비해 벤처의 요람이라 불리는 미국 실리콘밸리에서는 한 기업인이 평균 2.8회 창업한다. 한국보다 사업에 실패한 뒤 평균 2회더 창업에 도전한다는 얘기다. 경제계 관계자는 "1997년 외환위기 당시 폐업한 상당수 기업인이 신용불량자에서 벗어나지 못해 재창업에 도전하지 못했듯이 지금도 한국은 재기가 어려운 환경"이라고 지적했다.

재기 불능 확산으로 계층 상승의 사다리가 끊겼다는 분석도 나온다. 이 같은 사실은 한국경제신문 창간 설문조사에서도 나타났다. 국민 5000명을 대상으로 '계층 상승 가능' 여부를 묻자 84.6%가 '회의적'이라고 답했다. '사업에 실패하더라도 재기할 기회가 주어질 것'이란 의견에도 64.3%가 '그렇지 않다'고 답했다.

패자부활전의 부재는 대학 졸업 후 사회에 첫발을 내딛는 구직 때부터 맞닥뜨린다. 졸업을 전후로 취업에 실패하면 영원히 실업자로 전락할 가능성이 높다는 게 현실이다. 김수한 고려대 사회학과 교수는 "한 번 지나간 버스

> 실력 아닌 '실수 평가'로 병드는 한국
> 계층 상승 사다리도 끊어져

는 다시는 탈 수 없다는 문화가 확산되면서 한국 사회에 정해진 경로經路를 따라가야 도태하지 않는다는 '경로 의존성'이 심화되고 있다"며 "승자독식 현상은 오히려 강화돼 사회 역동성이 떨어졌다"고 말했다.

PART 9

한경
객원大기자
대담

01

김형오 전 국회의장 & 박병원 한국경영자총협회 회장

"기적 이뤘지만 기쁨 잃은 대한민국 리더들부터 뼈 깎는 성찰·혁신을"

사회=이학영 한국경제신문 편집국장

한국의 미래가 암담하다는 목소리는 설문조사뿐만 아니라 취재현장 곳곳에서 들을 수 있었다. 하지만 비관론에만 빠져 있을 순 없다. 대한민국의 밝은 미래를 모색하기 위해 김형오 전 국회의장과 박병원 한국경영자총협회(경총) 회장을 한국경제신문 본사로 초청했다. 정치·경제·사회 등 다방면에서 혜안과 관록을 쌓아온 두 사람은 모두 한국경제신문 객원대기자다.

김 전 의장과 박 회장은 "현실을 직시하는 데서 일단 시작하자"며 정치, 노동, 저출산, 교육 문제 등을 경계 없이 넘나들었다. 김 전 의장은 민주주의와 리더십의 위기를 지적하며 "각계 대표들이 뼈를 깎는 성찰을 하지 않으면 미래가 없다"고 강조했다.

박 회장은 "내 밥그릇은 절대 뺏기지 않겠다는 생각이 우리 사회 곳곳에 만연해 있다"며 "더 잘할 수 있는 사람들과 경쟁을 통해 산업 전체의 경쟁력을 키우지 않으면 안 된다"고 역설했다. 이학영 한국경제신문 편집국장 사회로 진행된 대담은 예정 시간을 훌쩍 넘겨 세 시간 반 동안 이어졌다.

▲김형오 전 국회의장(왼쪽)과 박병원 한국경영자총협회 회장

▶사회 미래가 안 보인다고 걱정하는 분이 많습니다. 10년, 20년 뒤 한국은 어떤 모습일까요.

▷김형오 전 의장 올해(2015년) 세계경제포럼의 글로벌 경쟁력지수를 보니까 한국이 작년과 같은 26위더군요. 2012년에 19위까지 올랐다가 떨어진 것입니다. 한국이 하향 추세에 있다는 여러 증거가 나오는 것 같습니다. 모두가 느껴요. 미래의 비전을 체감하지 못하는 것입니다. 영국 이코노미스트의 한국특파원이었던 대니얼 튜더가 우리나라에 대해 '기적을 이뤘지만 기쁨을 잃은 나라'라고 했죠.

지금 중국 경제가 안 좋고, 미국은 금리 인상에 들어갈 것입니다. 일본과는 경제뿐 아니라 정치적 긴장도 커졌죠. 한국으로선 가장 중요한 '빅3'로부터 불안요소가 겹쳤는데, 우리 내부 역량으로 버틸 수 있을지 걱정입니다.

▷박병원 회장 경제적 위상 추락보다 더 답답한 것은 지금 우리가 할 수 있는 것도 못하고 있다는 것입니다. 중국만 봐도 성장 기회나 일자리를 만들려고 별의별 노력을 다하는데, 추격 안 당하려면 우리가 뭐라도 해야 하지 않겠습니까. 우리는 '내가 하는 것은 (다른 사람들이) 하지 마라'고 합니다. 내 밥그릇이고 밥벌이니까 남이 해선 안 된다는 생각이 발전을 가로막고 있습니다. 농업은 농민만 해야 하고, 어떤 업종은 중소기업만 하도록 돼 있습니다. 과거 제조업은 외국에서 역량을 빌려 빠르게 발전한 것인데, 지금은 자기 역량이 부족한데도 남의 역량을 빌려 발전하겠다는 의지가 없습니다. 완전 정체 상태입니다.

▶사회 본질을 끝까지 따지고 바닥까지 논의해야 할 상황인데 '뭘 그렇게 따져, 대충 넘어가'하는 분위기도 있는 듯합니다.

▷박 회장 맞습니다. 현실을 직시해야 합니다. 우리는 지금 굉장히 내리막에 있어요. 앞으로 위기가 예상되는데 아무도 경고도, 대비도 안 합니다. 과거 방식에 머물러 있습니다. 환율 높이고 금리 낮춰서 문제가 해결된다면 이 세상에 경제가 잘못된 나라가 있겠습니까. 그건 시간벌기일 뿐입니다. 경쟁력 자체를 높여야 합니다.

▶사회 성장 엔진은 식어가는데 구조개혁은 다들 피하려고 합니다. '북핵보다 무섭다'는 저출산 문제, 비효율적인 정부, 창의적 인재를 못 키우는 교육 등 문제투성이입니다. 그중에서도 정치가 가장 혁신해야 할 대상으로 꼽히고 있습니다.

▷김 전 의장 국회를 떠난 지 몇 년이 지났는데도 정치를 비판하는 얘기를 들

으면 죄를 지은 심정입니다. 이코노미스트가 발표한 민주주의 지수를 보면 한국이 미국, 영국 등과 함께 '완전한 민주주의 국가'에 들어가 있습니다. 이 얘길 듣고 누가 가장 놀라냐면 한국 사람입니다. 체감 민주주의는 형편없다는 거죠. 정치인이 신뢰를 되찾으려면 어떻게 해야 할까요. 제 해답은 간단합니다. 시간 지키기입니다. 국회의장으로 있을 때 국회가 오늘 열릴지 내일 열릴지 저도 알 수 없더군요. 그러니 다들 대기실에서 죽치고 있는 것입니다.

▷박 회장 제가 익힌 이탈리아어와 스페인어는 국회에서 대기하며 공부한 것입니다.(웃음)

▷김 전 의장 그래서 상시 국회가 필요합니다. 대한민국 국회에선 연말에 사무관이 다음 해 일정을 짜고 의장이 발송을 해도 무용지물입니다. 그날 국회가 열릴지는 교섭단체 대표가 합의해서 결정하거든요. 국회 열고 안 여는 게 대단한 권한인 양 싸웁니다. 학생이 학교 갈까 말까 결정할 권한이 어딨어요. 정해지면 출석하는 거지. 또 하나 문제는 국회의원이 너무 쉽게 된다는 것입니다. 선거 때 줄만 잘 서면 공천을 받습니다. 지역구 잘 받으면 당선되고, 국회 들어가서 큰소리 좀 쳐주고 후원회 관리 잘하면 재선됩니다.

▷박 회장 국민에게 끌려다니는 정치인이 많습니다. 국민을 이끄는 정치인을 기다리기보다는, 최소한 다수결을 할 수 있는 나라라도 됐으면 합니다. 여야 대표가 '이건 문제가 많으니까 한 달간 토론하자'고 합의하고 그 뒤엔 표결하면 됩니다. 인사청문회도, 법안 논의도 똑같아요. 어떤 당이 집권했으면 그 공약과 정책을 실천할 수 있게 해줘야 합니다. 만약 정책이 잘못됐다면 자연히 그 당은 다음 집권을 하기 어렵겠죠. 상대방이 잘못할까봐 왜 이렇게 두려워하는지 모르겠습니다. 국회선진화법도 자신이 정권을 잃었을 때 기준으로 법을 만들고 운영하니까 문제가 생긴 것입니다. 국가를 행위무능으로 만들어버렸어요.

▷김 전 의장 국회선진화법 이야기를 좀 더 하자면, 저는 기본적으로 찬성입니다. 예전에는 여당은 직권상정해서 밀어붙이고, 야당은 타협해봐야 좋은 소리

못 들으니 끝까지 싸우는 식이었지요. 국회선진화법으로 국회가 무력해지는 걸 막자는 것이었습니다. 문제는 디테일(세부사항)입니다. 이 법은 미국의 신속입법절차(패스트트랙)를 참고해 만들었는데, 총론만 베끼고 각론은 빠뜨렸어요. 미국에서는 패스트트랙이 적용되는 안건, 토론 기간 등이 다 따로 정해져 있어요. 국회가 이런 걸 지적해야 하는데 아무도 안 했습니다. 참고 법안이 50쪽이라면 10쪽도 안 읽는 것입니다.

▶사회 리더십 위기를 이야기하다 보면 대통령 5년 단임제가 자주 거론됩니다.

▷김 전 의장 5년 임기 중에 대통령이 제대로 일할 기간은 3년 남짓입니다. 레임덕 현상을 공무원들이 아니까 일을 안 합니다. 장관이 전권을 행사할 수 없다는 것도 단임제의 부작용입니다. 헌법상 제왕적 대통령이라고 할 만큼 대통령 권한이 막강한 것도 문제입니다. 그러니까 소수 반대자들이 더 강해집니다. 이해단체들도 타협과 논의보다는 강경 대치로 나갑니다.

▷박 회장 대통령 5년 단임보다 더 심각한 단임제는 2년, 3년짜리 공기업과 민간기업 최고경영자들입니다. 다른 나라는 실력이 있으면 10년, 15년씩 대표를 맡는데 우리는 열매 맺기도 전에 교체해버려요.

▷김 전 의장 사장이 바뀌면 전임자의 싹을 뽑아버리는 것도 문제고요.

▶사회 지난달 노·사·정이 노동시장 개혁에 일부 합의했습니다. 그 과정에서 대통령의 리더십이 아쉬웠다는 지적도 있습니다.

▷박 회장 대통령이 노조를 직접 만나 설득하는 것은 적절치 않지만 장관이 열 번 나서면 대통령이 한 번 나서는 식으로 해야 합니다. 노동 문제는 국민 설득이 더 중요하기 때문입니다. 노동 제도 개선을 못해서 생기는 1차 피해자는 능력 있는 동료 근로자들입니다. 열심히 일할 수 있는 미취업 청년들도 희생자이지요.

▷김 전 의장 저는 노동전문가가 아니지만 이 이야기는 하고 싶습니다. 노조 가입률이 10% 정도인 현실은 비정상입니다. 기존 노조도 진지하게 생각해봐야 할 것입니다. 말 없는 다수 노동자, 노조 결성도 못하는 노동자를 대변할 수 있는 그런 노조로 거듭나주길 진심으로 바랍니다.

▶사회 이승만 전 대통령을 요즘 재평가하는 이유 중 하나가 교육 투자를 많이 한 점이라고 합니다. 하지만 지금 교육은 창의적인 인재를 키우는 게 아니라 대학 입학이 목표가 돼 버렸습니다.

▷김 전 의장 우리나라 교육을 칭찬하는 것은 버락 오바마 미국 대통령밖에 없지요. (웃음) 한국의 학부모들은 세계 최고의 사교육비를 부담합니다. 노인 자살률이 세계 최고인데, 자식에게 투자하다가 노후대책을 못 세워서 그런 면이 큽니다. 몇 년 전 미국 샌프란시스코로 조기 유학을 간 아이들과 그 엄마들을 만나 '뭐가 좋으냐' 고 물어봤습니다. 열두 명 아이 중에 열 명이 '교실에서 질문을 마음대로 할 수 있어서 좋아요' 그러더군요. 한국에선 질문하면 왕따된다는 거죠. 저는 대한민국 중산층이 무너지고 민주주의가 무너지는 소리를 '기러기 가족' 에게서 듣습니다. 제 지역구였던 부산 영도구에는 저소득층이 많았습니다. 그런데 거기에도 우리 아이를 그나마 유학비가 싼 필리핀에 보내자는 어머니 모임이 있을 정도였습니다.

▷박 회장 저는 대학입시 제도를 자꾸 바꿔봐야 소용이 없다고 봅니다. 우리는 교육에서 차별을 없애는 것을 지상목표로 두고 있거든요. 수능 만점자가 수두룩합니다. 한 나라의 교육 목표가 아이들을 공부 안 하게 하고, 어려운 거 공부 안 시키자는 게 말이 됩니까. 사회는 무한 경쟁인데 공교육에서만 경쟁을 제한한다는 것은 손바닥으로 하늘을 가리는 것입니다.

▷김 전 의장 평준화는 나름대로 선의가 있다고 생각합니다. 하지만 경쟁 없는 사회는 발전이 없습니다. 두 가지를 다 반영하는 교육정책을 만들 수 있다고 생각합니다. 입학사정관 제도도 그런 취지로 도입했는데 잘 안 됐습니다. 한 5년

간 준비해서 제대로 시행하면 공부 잘하는 사람, 봉사 열심히 하는 사람, 리더십 있는 사람 등 다양한 인재를 뽑을 수 있을 것입니다. 또 엘리트 충원 제도가 한국처럼 단순한 곳이 있을까요. 고려시대 때 시작한 과거제도를 손질한 것이 고시제도 아니겠습니까. 고시를 거치지 않은 사람들을 정부 부처에서 다양하게 뽑을 수 있어야 합니다.

▶사회 통일이 위기이자 기회라고 합니다. 어떤 준비가 필요할까요.

▷박 회장 독일은 아주 오랜 시간 통일을 준비했습니다. 경제적으로 돕거나 왕래를 쉽게 하는 식으로 시작했습니다. 남북이 지금 이대로 합치면 대재앙이 될 수도 있습니다.

▷김 전 의장 이렇게 준비 없이 통일 이야기를 하는 나라도 역사상 드물지 않을까 싶습니다. 국내에 2만명이 넘는 탈북자가 있습니다. 이들의 활용은 둘째 치고 체계적인 조사 연구도 없습니다. 예전에 미국 하버드대에 이주노동경제학의 권위자가 있어서 국내 탈북자의 노동력 분석을 해달라고 요청한 적이 있습니다. 그런데 정부에서 탈북자 명단은 비밀이라면서 막았습니다. 연구할 때는 이름이나 경력 다 필요없고 가명으로 하면 되는데도 안 된다는 것입니다. 한국이 선진국 대열에 설 수 있는 유일한 희망이 통일인데 이렇게 준비를 안 해선 절망입니다.

▶사회 선진국 도약의 또 다른 원동력은 성숙한 시민의식이란 이야기도 있습니다. 1970년대에 자조와 자립 정신이 성장을 낳았다면 지금은 남 탓 하는 사람이 많습니다.

▷김 전 의장 헌법 1조에서 대한민국은 민주공화국이라고 합니다. 그런데 민주民主는 넘치고 공화共和는 사그라진 나라가 한국입니다. 민주주의가 특정 이념이나 집단 이기주의를 옹호하기 위한 수단처럼 변질됐습니다. 민주주의는 국민이 주인이 되는 것입니다. 그런데 '나는 주인인데 너는 아니야'라는 게 현실입니다.

김 형 오 / 前 국회의장·한국경제신문 객원大기자

언론인 출신으로 14~18대 국회의원(5선)과 국회의장(18대)을 지낸 정계 원로다. 정계에서 은퇴한 뒤엔 작가로 변신해 2013년 '술탄과 황제'라는 역사 소설을 냈다. 정치인 시절부터 통찰력 있는 식견과 균형된 시각을 가졌다는 평가를 받았다.

그는 동아일보 기자로 재직하던 1978년 외교안보연구원에 들어가 공직생활을 시작했다. 대통령 정무비서관을 거쳐 1992년 14대 총선에서 당시 민주자유당(민자당) 공천으로 부산 영도구에서 당선돼 정계에 입문했다. 18대 국회에서 국회의장을 맡았던 그는 '차기 총선 불출마'를 선언해 여의도에 신선한 바람을 일으키기도 했다. 그는 이번 대담에서 20년간의 정치 생활을 토대로 리더십의 위기에 주목하고, 각계의 신뢰 회복을 강조했다. 기자 출신답게 발품을 파는 스타일이 돋보이기도 했다. 통일 준비를 위해 탈북자 연구를 추진하고, '기러기 가족'들의 사연을 통해 교육문제를 고민했던 체험을 소개했다.

△1947년 경남 고성 출생 △경남고 △서울대 외교학과 졸업 △경남대 정치학 박사 △동아일보 기자 △대통령 비서실 △14~18대 국회의원(부산 영도) △제17대 대통령직인수위원회 부위원장 △국회의장(18대) △부산대 석좌교수(현)

음식점이나 대중목욕탕에 가서 아이들이 마음대로 하도록 내버려두는 걸 봐도 알 수 있어요. 학교와 가정에서 민주주의와 공중에 대한 개념을 가르치지 않습니다. 페어플레이 정신을 놓쳤습니다. 작년 세월호 사고에서 그게 들통났죠. 자치自治를 배워본 적이 없다는 것도 문제입니다. 지방세와 국세 비중이 2 대 8인데 무슨 자치입니까. 실질적인 집행은 중앙에서 하고 지방자치는 껍데기뿐입니다.

▷박 회장 자치가 없다는 것은 자기 책임이 없다는 것입니다. 자꾸 나라에 책

박 병 원 / 경총 회장 · 한국경제신문 객원大기자

경제관료 출신으로 금융회사 최고경영자, 경제단체장 등을 거친 국내 대표적 경제전문가다. 올 2월 한국경영자총협회장을 맡아 노·사·정 대타협 협상에 참여하기도 했다.

재정경제부 경제정책국장과 차관보, 차관으로 일하면서 서비스산업 활성화에 특히 힘썼다. 이명박 정부 때는 청와대 경제수석으로 발탁돼 규제개혁 등을 주도했다.

전국은행연합회장을 맡았을 때는 서비스산업총연합회장을 겸직하면서 이 분야 발전을 위한 쓴소리도 아끼지 않았다.

이날 대담에서는 구체적이고 솔직한 그만의 화법으로 성장동력 확충, 노·사·정 문제 등에 조언을 내놨다. 제조업 외에 서비스산업과 농업에서도 성장동력을 찾아야 하며, 이를 위해서는 고질적인 우리 경제의 경쟁제한 장벽과 규제를 걷어내야 한다고 역설했다.

△1952년 부산 출생 △경기고 △서울대 법학과 졸업 △행정고시(17회) △재정경제부 경제정책국장, 차관보, 제1차관 △우리금융그룹 회장 △청와대 경제수석비서관 △전국은행연합회장 △서비스산업총연합회장 △한국경영자총협회장(현)

임을 지라고 하고, 자꾸 경쟁에서 나를 보호해 달라고 요구한단 말입니다. 지금은 총체적인 공급 과잉입니다. 투자하고 창업하라지만, 이 상황에선 누가 해도 망하기 쉽습니다. 결국 수요가 늘어나야 합니다. 소득 수준이 두 배인 나라가 밥을 하루 여섯 번 먹는 것은 아니잖습니까. 양이 아니라 질을 높여야 합니다. 그런데 국민 위화감 때문에 제품이나 서비스 고급화를 봉쇄하고 있습니다. 현대자동차에 포니 이상 큰 차를 만들지 말라고 규제하는 거나 마찬가지입니다.

▷김 전 의장 공무원들도 사기가 많이 저하돼 있습니다. 세월호 참사 이후에 '관피아(관료와 마피아의 합성어)' 논란이 컸습니다. 그래서 지금은 공무원들도 딱 자기 것만 챙긴다고 합니다. 세종시 이야기도 안 할 수가 없네요. 비효율의 극치입니다. 경제부처 70%가 세종시에 있는데, 회의의 80%는 서울에서 열립니다. 이 좁은 땅에 중앙부처가 네 군데에 나뉘어 있습니다. 세종·대전·과천·서울. 차선책은 국회를 세종시로 옮기는 것입니다.

▷박 회장 그럼 국회의원들도 지역구 활동하기에 더 좋겠지요.

▷김 전 의장 저출산 문제도 그냥 둬선 안 됩니다. 출산율 1등이 전남인데, 다문화 가정 덕분이죠. 다문화를 받아들여야 하는 상황입니다. 미국이나 독일은 해외 인재들을 위한 장학금 제도 등을 운영하고 있는데, 우리도 이런 것을 활용하면 안 됩니까. 예를 들어 한국에 공부하러 온 사람들이 있으면 그 부모나 친지가 한국에서 일할 수 있게 해주자는 것입니다. 현재 다문화정책을 9개 부처가 나눠 갖고 있다 보니 오히려 사각지대가 많습니다.

▶사회 마지막으로 하실 말씀이 있다면.

▷김 전 의장 리더십의 문제는 신뢰의 문제입니다. 파워엘리트들이 뼈아픈 자기 반성을 통해 자기부터 혁신해야 합니다. 인류 역사상 없었던 변화의 시기에 위기를 뚫고나갈 지혜가 필요합니다.

▷박 회장 출발점은 결국 성장동력 회복 아니겠습니까. 이것이 아니면 일자리도 투자도 없고, 저출산도 해결하지 못합니다. 제조업이 한계에 부딪힌 상황에서 농업과 서비스업에서도 경쟁력이 있는 기업이 나와야 합니다. 영세한 개인의 전유물이라는 인식을 버릴 때가 됐습니다. 경쟁에서 보호만 받을 게 아니라 경쟁을 통해 이겨나갈 힘을 키워야 합니다. 경쟁에서 탈락자가 생기면 사회정책을 통해 지원하면 됩니다. 자기 밥그릇을 지키다가 내 자녀의 미래와 희망을 짓밟을 수 있습니다.

PART 10

전문가에게
듣는다

"국익보다 당선이 먼저인
정치부터 바꿔야 저성장 탈출"

／ 한덕수 전 국무총리는 한국경제신문 창간 51주년 특별기획의 화두話頭인 '이대론 대한민국 미래 없다'에 대해 "정말로 맞는 말"이라며 고개를 끄덕였다. 그는 "우리가 원하는 대한민국의 미래상은 경제적으로 풍요롭고, 정치적으로 자유로우며, 사회적으로 통합되고, 국제사회로부터는 사랑받는 나라 아니냐"며 "그런 나라가 되려면 정치·경제·사회 각 분야에서 제도와 의식, 인센티브 시스템을 뜯어고치지 않으면 안 된다"고 말했다. 한 전 총리는 서울 중림동 한경 사옥에서 한 특별인터뷰에서 "지금까지 우리가 많은 개혁을 해왔지만, 남아 있는 과제들은 이해 충돌과 이념 대립이 심해 가장 어렵고 힘든 것"이라며 "하지만 이걸 풀지 않

아무리 돈 풀어도 규제 개혁 없인 경제 못 살려
제도·의식과 인센티브 시스템, 국가 바꾸려면 반드시 개혁을
서비스산업 규제 너무 많아…정부, 가격에 개입 말아야

으면 우리의 미래가 없다는 걸 명심해야 한다"고 강조했다.

▷10년 뒤 한국의 미래를 어떻게 전망하십니까.

"한국의 미래가 어떨지는 우리가 어떻게 하느냐에 달렸겠지요. 다만 지금 이대로라면 미래가 밝을 거라고 보기 어려울 겁니다. 망하지는 않겠지만, 그렇다고 크게 발전해 선진국으로 도약하기도 힘듭니다. 그런 점에서 '이대론 대한민국 미래없다' 는 한경의 기획 아젠다에 전적으로 공감합니다."

▷우리의 미래를 밝게 하기 위해 가장 필요한 것은 무엇일까요.

"세 가지가 중요하다고 봅니다. 제도와 의식, 그리고 인센티브 시스템이죠. 국가를 바꾸려면 이 세 가지를 개혁하지 않으면 안 됩니다. 지금의 저성장 문제도 금리를 내리고 재정을 푸는 단기적 부양책만으론 해결할 수 없어요."

▷특히 정치권이 많이 바뀌어야 한다는 목소리가 크지 않습니까.

"맞습니다. 대부분 선진국에서 개혁은 국민이 선출한 대통령과 국회의원 등 정치 지도자들이 주도합니다. 그런데 우리는 정치권을 최우선 개혁대상이라고 생각하는 국민이 많지요. 왜 그럴까요. 저는 대통령 5년 단임제의 폐해도 주요 원인 중 하나라고 생각합니다. 중국의 국가주석은 5년 임기이지만 연임이 가능해 총 10년, 미국 대통령도 4년 임기에 연임하면 8년을 집권할 수 있습니다. 우리도 대통령의 연임을 인정해 10년 정도의 시야를 갖고 국정운영을 할 수 있도록 해야 합니다."

▷대통령 중임제에 대해선 반론도 있습니다. 연임이 되면 첫 임기에 재선을 위한 포퓰리즘 정책을 펼 가능성이 크지 않을까요.

"포퓰리즘 정책을 쓰면 인센티브 구조가 왜곡돼 결국 경제가 고꾸라질 수밖에 없어요. 첫 번째 임기에 무상 복지정책 등을 남발했다가는 경제가 망가져 오히려 재선이 어려워질 겁니다."

▷포퓰리즘과 관련해선 국회도 혁신해야 한다는 요구가 많습니다.

"물론이죠. 의원들은 국회 개원 때 '국가 이익을 우선시해 직무를 수행한다'고 선서하지만 실제론 지역구의 이해를 앞세우는 경우가 많지요. 우리 선거제도가 그렇게 할 수밖에 없도록 돼 있어요. 그래서 미국은 의회에 상원, 일본은 참의원을 두고 있는 겁니다. 하원과 중의원에서 통과된 법률들을 국가적 시각에서 검토할 수 있는 제도적 장치이지요. 우리도 이런 장치가 필요하지 않나 생각합니다."

▷정치 문화도 바뀌어야겠지요.

"정치 문화, 대단히 중요합니다. 선진국 정치 문화에서 부러운 건 의회에서의 활발한 토론입니다. 정부 각료가 다 나오고 여야 의원들이 이들과 국가적 아젠다와 정책을 놓고 깊이 있게 토론을 벌이지 않습니까. 이게 TV로 모두 생중계되고요. 국민은 이런 토론을 보면서 차기 정치지도자를 자연스럽게 고르기도 합니다."

▷국민은 국회 못지않게 정부도 변해야 한다고 생각하고 있습니다.

"우리가 밑바닥에서 1인당 국민소득^{GNI} 2만8000달러대로 올라오기까지 공무원의 역할을 무시할 수 없습니다. 하지만 국민이 공무원을 불신하고 있다면 그것대로 겸허히 받아들여야지요. 정부에 대한 국민의 기대치가 높다고도 이해할 수 있을 겁니다."

▷국민이 공무원을 곱게 보지 않는 이유 중 하나는 규제 때문 아니겠습니까.

"그럴 것입니다. 정부는 해야 할 일과 해선 안 될 일을 분명히 구분해야 합니다. 사업을 하거나 고용하는 문제, 가격을 매기는 문제 등은 정부가 간섭해선 안 됩니다. 시장에서 자율적으로 결정되도록 놔둬야 해요. 정부는 '시장의 실패'가 일어나는 환경, 보건의료, 안전 같은 분야에만 개입해야 합니다."

▷정부 규제로 서비스산업 발전이 더디다는 지적도 많습니다.

"맞아요. 교육·의료·보육·주거 등의 서비스는 고용을 많이 창출할 분야입니다. 그런데 이 분야에 규제가 너무 많아요. 보육과 교육은 정부가 가격 등을 통제만 할 게 아니라 일정 부분에선 고급 서비스를 인정해줘야 합니다. 의료에서도 투자개방형 병원을 허용해야 하고요."

▷역대 정권에서 규제완화를 강조하지 않은 적이 없지만 여전히 규제가 문제입니다.

"규제에 대해 분명한 철학을 지닌 장관이 필요합니다. 지금 보면 우스꽝스러운 규제도 30년 전엔 그럴듯한 명분이 있었어요. 이 시점에서 어떤 명분을 택하느냐가 중요합니다. 사전적 규제를 사후적 규제로 바꾸자는 박근혜 정부의 규제 철학은 타당하다고 봅니다. 이런 철학을 과감하게 집행할 장관이 있어야 해요. 또 규제 하나 풀려면 3~4개월씩 걸리는 게 다반사인데 현재의 규제개혁 조직은 너무 작습니다. 퇴직 공무원을 중심으로 3000명 정도 한시적으로 고용해서 모든 규제를 철저히 검토하고 완화하는 파격도 고려해볼 만합니다. 규제 개혁 없이는 아무리 돈을 풀어도 경제를 살리기 어렵습니다."

▷조선·철강 등 주력 산업이 어렵습니다.

"과거처럼 정부가 업종별 산업정책을 펴긴 힘듭니다. 정부는 인력양성·연구개발·기술혁신 등 수평적 산업정책을 통해 산업계를 뒷받침해야 합니다. 국민의 반기업 정서를 바꾸려면 기업도 노력해야 합니다. 기업은 사업을 잘해서 고용을 늘림으로써 국가경제에 이바지하는 게 최우선이지요. 그 다음에 CSR(기업의 사회적

"개방·경쟁이 경제 활로" 韓·美 FTA 주역

한덕수 전 국무총리는 경제관료 출신으로 총리까지 오른 뒤 주미대사 한국무역협회장 등을 역임한 경제계 원로다. 개방과 경쟁이 한국 경제의 유일한 활로라는 게 그의 지론이다. 노무현 정부 경제부총리 시절 노무현 전 대통령을 설득해 한·미자유무역협정FTA을 추진했던 주역이기도 하다.

한 전 총리는 인터뷰 내내 개방과 경쟁을 강조했다. 미국에서 원예업을 하는 동포들의 사례까지 들며 "우리가 문을 활짝 열어야 바깥세상도 문을 연다"고 강조했다. 시종 차분한 어조로 지나친 비관론도 경계했다. 그는 "지금까지 우리가 이룬 것, 정부와 정치권이 하려고 발버둥치는 것에 대해 신뢰를 끝까지 보내고 싶다"고 했다.

△1949년 전북 전주 출생 △서울대 경제학과 졸업 △미국 하버드대 경제학박사 △행정고시 8회 △경제기획원 정책조정과장 △통상산업부 차관 △외교통상부 통상교섭본부장 △주OECD 대사 △청와대 정책기획·경제수석 △국무총리실 국무조정실장 △부총리 겸 재정경제부 장관 △국무총리 △주미대사 △한국무역협회장

책임) 활동 등을 통해 우리 사회의 취약분야를 지원하는 데 더욱 신경을 쓴다면 반기업 정서도 많이 누그러질 겁니다."

▷저출산·고령화로 인한 성장잠재력 감퇴에 대응하기 위해 외국인 이민 수용을 확대해야 한다는 논의도 많습니다.

"매우 적극적으로 추진해야 한다고 생각합니다. 이민정책이 까다롭다 보니 불

법 이민과 불법 취업 등이 늘어나는 것입니다. 또 외국인 숙련 노동자에 대해선 비교적 이민이 폭넓게 허용돼 있지만 실제론 별로 안 들어옵니다. 외국인이 불편 없이 한국에서 살 수 있도록 각종 인프라를 개선하는 게 필요해요."

▷이민 개방뿐 아니라 경제 개방의 폭도 더 넓혀야겠지요.

"당연합니다. 특히 환태평양경제동반자협정TPP에는 하루빨리 가입해야 합니다. 국내 시장규모가 1조달러인데, 세계시장은 75조달러입니다. 개방이야말로 우리 경제의 기회를 넓히는 지름길입니다."

02

윤종용 국가지식재산위원회 민간위원장

"기업 활동 가로막는
규제부터 철폐해야"

서울 역삼동에 있는 개인 사무실에 들어서자 '격물치지格物致知'라고 쓰인 액자가 먼저 눈에 띄었다. '만물의 본질을 탐구해 지혜에 이른다'는 뜻이다. 엔지니어로서 삼성전자를 초우량 기업으로 일구는 데 기여한 경영인에게 참 잘 어울리는 문구라는 생각이 들었다.

"혜안을 구하러 왔습니다"고 용건을 말했다. 그러자 "어렵지요. 그런데 어디 딱 떨어지는 묘안이 있습니까"라는 대답이 돌아왔다. 윤종용 국가지식재산위원회 민간위원장은 그렇게 한국의 미래에 대해 말문을 열었다. 42년간 삼성에서 일했고, 그중 18년 동안 최고경영자를 지낸 그다. 세계 100대 CEO 중 3위(2012년 하

규제 철폐 끝장토론 했지만 푸드트럭 말고 뭐가 바뀌었나

개천에 용 나올 수 있도록 평준화 교육 과감히 바꿔야

국가 개조한다는 생각으로 사회 全 분야 개혁해야

버드비즈니스리뷰 선정)에 오른, 세계적으로 유명한 경영인이다. 그런 그도 "한국의 미래가 어둡다"고 했다. "앞길이 잘 보이지 않는다"고도 했다. "국가를 개조한다는 생각으로 사회 전 분야를 개혁해야 한다"는 다소 과격한 발언도 마다하지 않았다. "반기업 정서를 걷어내고 제조업을 살려야 한다"는 그에게서 한국의 미래에 대해 들었다.

▷한국의 미래가 어둡다는 우려가 많습니다. 아무리 둘러봐도 돌파구가 보이지 않는다는 얘기도 나오는데요.

"경제 활력이 눈에 띄게 떨어져 있습니다. 잠재 성장률도 하락하고 있고요. 이런 식으론 선진국 진입이 불가능합니다. 더 안타까운 것은 정책 입안자들이 적절한 대안을 내놓지 못하고 있다는 점입니다. 무사안일주의에 빠진 것처럼 보입니다. 국가를 개조한다는 생각으로 사회 전 분야를 개혁해야 한다고 생각합니다."

▷전자 자동차 등 주력 산업들도 경쟁력을 잃어가고 있다는 지적이 많습니다.

"걱정됩니다. 한국의 주력 산업은 세계 최강이 아닙니다. 그런데도 경쟁력은 계속 떨어지고 있고요. 한국 경제 발전의 원동력이었던 '잘살아 보세'라는 헝그리 정신도 사라졌습니다."

▷기업이 활력을 찾으려면 기업가 정신으로 무장한 기업인이 많아야 할 텐데요.

"불행히도 기업가 정신이 보이지 않네요. 여러 가지 이유가 있겠지만 1980년대 중반 이후 민주화 바람이 불면서 이상한 풍조가 형성된 것 같습니다. 경제 성장의 주축인 기업들의 성장에 거부감을 갖고 기업인들의 노력을 업신여기는 분위기가 생겼습니다. 이로 인해 반기업 정서가 형성됐고, 기업과 기업인들은 위축됐습니다."

▷기업가 정신을 북돋우고 경제 활력을 되찾을 묘안이 없습니까.

"단기적 처방으로는 어렵지 않겠습니까. 기업인들의 자신감을 찾아주는 것이 우선 중요합니다. 특히 정치권이 기업가 정신을 되찾도록 전면에 나서야 해요."

▷구체적인 방안은 무엇인지요.

"가장 먼저 기업 활동을 가로막는 다양한 규제를 철폐해야 합니다."

▷박근혜 정부도 규제 철폐에 힘을 쏟고 있지 않습니까.

"물론 그렇지요. 하지만 이뤄진 게 뭐가 있나요. 박근혜 대통령이 직접 나서 7시간 넘게 규제개혁 토론을 했지만, 고작 '푸드 트럭'만 허용됐을 뿐입니다. 규제가 많으면 부정부패가 싹틉니다. 부정부패는 규제를 먹고 자라니까요."

▷한국 경제가 어려워진 원인 중 하나가 중국 기업의 부상^{浮上}이라는 지적이 있습니다.

"지난 10여년 동안 중국 기업들은 꾸준히 기술 개발을 해왔습니다. 이제 한국 기업의 턱밑까지 쫓아 왔어요. 모든 분야에서 더 빠른 속도로 발전할 것으로 봐야 합니다."

▷한국 기업들로선 더 힘들어질 수밖에 없어 보이는데요. 대안은 무엇입니까.

"중국과 전면전을 하면 살아남기 힘듭니다. 선택과 집중을 하고 차별화에 나서야 해요. 우리가 강하고 자신 있는 분야에 집중적으로 연구개발 투자를 해서 고급화(기능, 성능, 품질, 디자인)에 성공해야 합니다. 유럽 산업의 경쟁력이 미국에 거의 추월당했지만 독일의 자동차, 중전기, 정밀기계, 정밀화학, 제약산업 등은 아직도 세계 최강의 경쟁력을 갖고 있습니다. 한국 기업과 정부는 독일에서 배워야 할 점이 많습니다."

▷결국 제조업이 강해야 한다는 얘기로 들립니다.

"그렇습니다. 제조업이 근간입니다. 서비스업이 중요하다고들 얘기하는데, 서비스업이 잘 되려면 제조업이 강해야 합니다. 미국이나 일본도 한번 보세요. 해외로 나간 제조업체를 유턴시키기 위해 많은 정책을 내놓고 있지 않습니까."

▷기업이 강해지려면 R&D 투자를 늘려야 할 텐데요.

"불확실성이 커지면 기업은 보수적이 됩니다. 투자도 줄일 수밖에 없지요. 할 수 없습니다. 정부가 나서야 합니다. R&D 투자를 촉진하기 위한 유인책을 강력하게 펼쳐야 합니다."

▷조금 구체적으로 말씀해주시겠습니까.

"R&D 투자에 대해선 세금을 면제해주거나 줄여주는 것도 좋은 방법입니다. 첨단산업의 R&D에 나섰다가 실패할 경우 손비처리해줘야 합니다. 그래야 실패를 감내하려는 기업이 늘어납니다."

▷너무 정부 탓만 하는 것으로 들릴 수도 있겠습니다.

"아, 그렇게 들렸나요(웃음). 물론 기업인의 자세도 중요하지요. 이병철이나 정주영 같은 분들은 불황이고 위기일 때 과감히 도전하고 투자했습니다. 요즘 기업인들은 이들의 정신을 본받아야 한다고 봅니다."

▷서비스산업은 어떻습니까.

"물론 중요하죠. 분야별로 전략을 아주 잘 세워야 합니다. 특히 글로벌 시장을 겨냥하는 것이 좋죠. 성공 가능성이 높은 K팝, 의료, 관광, 교육 등을 체계적으로 육성할 필요가 있습니다. 그러자면 정부가 과감히 규제를 풀어야 합니다. 투자개방형 병원 하나 허용하지 못해 놓고 무슨 서비스산업 육성을 얘기합니까."

194

18년간 삼성 CEO로 지내…
세계적 기업 키워낸 일등공신

삼성전자를 세계적 기업으로 키워낸 일등공신 중 한 명으로 꼽힌다. 1966년 삼성그룹에 엔지니어로 입사해 2008년 삼성전자 고문으로 물러날 때까지 42년간 삼성에서 일했다. 1990년 삼성전자 가전부문 대표이사를 시작으로 18년 동안 최고경영자를 지냈다.

외환위기 직전인 1997년 1월 삼성전자 대표이사 사장에 오른 뒤 과감한 구조혁신을 통해 세계 최고의 정보기술IT 회사로 탈바꿈시켰다. 1998년 아시아인으로는 처음 국제산업공학협회IIE에서 선정한 '올해의 최고경영자'로 뽑혔다.

△1944년 경북 영천 출생 △1966년 서울대 전자공학과 졸업, 삼성그룹 입사 △1990년 삼성전자 가전부문 대표이사 △1995년 삼성그룹 일본본사 사장 △1997년 삼성전자 대표이사 사장 △1999년 삼성전자 대표이사 부회장 △2004년 한국공학한림원 회장, 한국전자산업진흥회장 △2008년 삼성전자 상임고문 △2011년 국가지식재산위원회 민간위원장

▷바이오 로봇 등 신산업 육성도 아주 중요하다고들 얘기합니다만.

"역사적으로 보면 선발주자first mover가 반드시 최강자가 되는 것은 아닙니다. 빠른 추격자fast follower가 최강자가 된 경우도 아주 많습니다. 삼성전자도 스마트폰 시장에 애플보다 늦게 뛰어들었지만 쫓아가기 전략으로 최강자가 됐습니다. 중요한 것은 사람입니다. 다양한 가능성에 적응할 수 있고 능력 있는 인재를 키워 놓는 것이 신산업 육성의 가장 빠른 길입니다."

▷그렇지만 기업들은 창의적 인재가 부족하다고 아쉬워하고 있습니다.

"교육제도를 바꿔야 합니다. 주입식 교육에서 벗어나야 합니다. 수학, 과학, 역사, 인문학 등 폭넓은 분야에서 생각하고 질문하게 하는 교육제도를 마련해야 합니다. 하향 평준화를 강요하는 평준화 교육도 폐지해야 합니다. 입학시험을 부활시키고, 대학입시도 대학 자율에 맡겨야 합니다. 개천에서 용이 나올 환경을 만들어 주자는 거죠. 역사는 도전과 경쟁을 통해 발전하지 않았습니까."

▷저출산이 심각합니다. 창의적 인재는커녕 노동인구도 부족해지고 있는데요.

"적극적 이민수용정책을 펴야 합니다. 이를 위해 이민청을 세워야 하고요. 지금 이민은 결혼을 통한 이민이 주를 이루고 있습니다. 이걸 방치하면 10~20년 뒤에는 사회문제가 될 수 있습니다. 필요한 고급 인력은 수혈하지 못하고요. 체계적으로 부족한 인력을 외국에서 들여오는 방법을 모색할 시점 아닌가요."

▷강성 노조와 이들을 싸고 도는 정치권도 경제 활력을 떨어뜨린다는 지적이 있습니다.

"고용에도 유연성이 있어야 해요. 그런데도 기득권을 지키는 데 혈안인 강성 노조들은 고용마저 세습하자고 합니다. 공권력도 이들 앞에선 무기력합니다. 이들을 감싸고 도는 정치인들을 의식해야 하니까요. 모든 주체가 대한민국의 미래를 진지하게 걱정할 때입니다."

03

윤증현 전 기획재정부 장관

"국가 장래 위해 고교평준화 폐지하고 본고사 부활시켜야"

／　　윤증현 전 기획재정부 장관은 인터뷰 내내 격앙돼 있었다. 한국의 미래를 얘기하면서는 "이대로 가면 희망이 없다. 총체적 위기다"고 말했고, 개혁 과제를 거론할 때는 "혁명하겠다는 각오로 하지 않으면 아무것도 못 한다"며 목소리를 높였다. 윤 전 장관이 요즘 관심을 두고 있는 교육 문제를 꺼내자 "내가 이 대목에선 화를 안 낼 수가 없다"며 흥분을 감추지 못했다. 현 정부가 추진하려는 교육개혁에 대해서도 "방향이 단단히 잘못됐다"고 말했다. 그러면서 △대입 수학능력시험 폐지 △고교 입시 부활 △대학에 학생 선발권 100% 부여 △사립대 재정지원 중단 등 파격적인 대안을 제시했다. 윤 전 장관은 "교육 당국자들이 들으면 미쳤다고 하겠지만 이런 것을 하지 않고선 교육개혁은 불가능하다"고 단언했다. 40

> 하향평준화로 가는 한국 교육 / 학생들 능력 · 인성 모두 놓쳐
> 4대 구조개혁 방향성 잃어 / 혁명보다 어려운 게 개혁

년간 경제관료로서 금융감독과 재정당국 수장까지 맡았던 윤 전 장관은 한국 경제의 앞날에 대해 할 얘기가 많은 듯했다. 당초 예정된 한 시간가량의 인터뷰를 끝내려 하자 "하고 싶은 말이 더 있다"며 다음 일정도 미룬 채 두 시간 넘도록 자신의 생각을 토해냈다.

▷한국경제신문의 창간 51주년 설문조사(5000명 대상)에서 국민 10명 중 8명이 "앞으로 더 나은 삶을 기대하기 힘들다"고 답했습니다. 대다수가 한국의 미래를 어둡게 보고 있다는 것인데요.

"문제가 어디서부터 꼬였는지 분간할 수 없을 만큼 총체적 위기입니다. 예를 들어 정치가 올곧게 서지 않았는데 경제가 제대로 되겠습니까. 먹고사는 문제가 쉽지 않은데 사회가 잘 돌아갈까요. 지난 반세기 넘도록 급속히 성장한 물질문명과 이에 비해 빈약한 정신 간 갈등에서 비롯된 측면일 수 있습니다. 요즘 사회를 보면 무슨 일이든 남 탓만 하고 있어요. 우리 미래가 어두운 것은 우리 모두의 책임입니다. 처절한 자성을 통한 정신적 혁명이 있어야 해요. 지금이 바로 재再건국에 나서야 할 때라고 봅니다."

▷자기반성이 가장 필요한 집단은 어디인가요.

"모두에 책임이 있지만 크기를 따진다면 당연히 정치권이죠. 사회갈등이나 분열을 조장하는 게 우리 정치 현실 아닌가요. 특히 정치 리더십의 실종은 심각한 문제입니다. "

▷한국 정치의 가장 큰 문제는 무엇입니까.

"거버넌스(통치체제)부터 바꿔야 합니다. 헌법에는 분명히 대통령 중심제 국가로 돼 있는데 현실의 권력체제는 내각제가 가미된 형태입니다. 지금처럼 국회가 발목을 잡아서 행정부가 할 수 있는 게 하나도 없다면 이게 무슨 대통령 중심제인가요. 3권분립이라는 것도 지켜지고 있습니까. 지금은 제왕적 대통령제가 아니라 제왕적 국회라는 말이 더 설득력 있습니다. 행정부 일을 오래 하면서 느낀 거지만 이로 인해 국가적 자원이 낭비되는 게 너무 큽니다."

▷박근혜 정부가 추진 중인 4대 분야(공공·노동·금융·교육) 구조개혁의 방향에 대해선 어떻게 봅니까.

"저성장 해법으로 구조개혁은 시대적 당위입니다. 역대 정부에서 추진 안 한 적이 있었나요. 한 정부에서 모든 걸 다 하겠다고 해선 아무것도 못 합니다. 이 정부 남은 임기 동안 4대 개혁을 다 이뤄낸다고 하면 누가 믿습니까. 개혁의 얼개라도 제대로 엮어 다음 정부가 계속 이어갈 수 있도록 하는 게 중요합니다. 하지만 개혁의 가장 큰 걸림돌은 신뢰의 문제에 있습니다. 개혁이 올바른 방향으로 가고 있는지에 대한 국민적 신뢰가 뒷받침돼야 하는데, 과연 있나요."

▷신뢰를 못 받는 이유가 뭔가요.

"따져봅시다. 공공부문을 개혁한다고 공무원연금을 손질했습니다. 하지만 결과에 대해 국민이 공감합니까. 그렇게 반대하던 공무원 노조는 개혁안이 나온 뒤 조용합니다. 왜 조용할까요. 공무원연금 개혁은 차선도 못 했다고 봅니다. 노동개혁도 마찬가지예요. 대강의 틀만 정해놓고 합의했다고 하는데, 이게 무슨 합의입니까. 진짜 개혁은 이제부터 시작입니다. 개혁을 추진하는 과정을 봐도 원칙은 물론 전략도 없어요. 책임 있는 정부라면 '이런 방향으로 가야 한다'고 안을 짜 국회를 설득해야 하는데, 국회에 공을 넘겨버리고 안은 위원회더러 내놓으라고 합니다. 또 협의체에는 이해당사자까지 다 참여시킵니다. 이래서야 개혁이 되겠습니까."

▷교육·금융 분야 개혁은 어떻습니까.

"노동개혁의 가장 큰 목표가 청년 일자리 창출이라고 하는데 청년실업 문제는 노동개혁만으로 해결되지 않습니다. 교육개혁이 따라붙어야 해요. 학력 과잉으로 노동시장에 공급되는 인력과 실제 현장에서 필요로 하는 인력 간 불일치가 심각합니다. 이걸 놔두고 어떻게 청년실업 문제가 풀리나요. 하지만 금융개혁도, 교육개혁도 뭘 하겠다는 건지 방향이 분명하지가 않아요. 그러니 신뢰가 안 간다는 겁니다. 교육 당국자는 관을 세 개 짜놓을 각오를 하고 교육개혁에 임해야 합니다."

▷얼마 전 최경환 부총리 겸 기획재정부 장관은 교육개혁에 매진하겠다면서 대학 구조조정을 얘기했는데요.

"대학 구조조정은 당연히 필요하지만 개혁과제 중 하나에 지나지 않습니다. 좀 더 본질적인 접근이 필요해요. 근본적인 문제는 교육정책에 철학이 없다는 것입니다. 지향하는 목표가 분명해야 하는데, 영국식 수월성 교육도 아니고 그렇다고 미국식 직업인 양성 교육도 아닙니다. 오로지 하향 평준화하자는 게 대한민국 교육의 현실입니다. 교육을 하는 이유가 뭔가요. 사회 구성원으로서 제 역할을 하도록 능력과 품성(인성)을 키워주는 것입니다. 현실은 어떻습니까. 두 가지 모두 실패하고 있습니다. 암담해요."

▷어떻게 바꿔야 합니까.

"소위 '3불〒정책'이라는 것부터 폐지해야 합니다. 고교 등급제와 대학 본고사를 부활시키고 기여입학제를 도입해야 합니다. 고교 등급제만 하더라도 없앤다고 해놓고 과연 없앴나요. 외국어고나 과학고 같은 특수목적고는 왜 있습니까. 말 그대로 특화된 인재 육성을 한다면서 여기 나오면 너도나도 의대나 법대만 갑니다. 대학입시도 그래요. 프랑스에서는 대학입학자격시험 문제에 이런 게 출제됩니다. '사랑은 의무인가', '유토피아는 환상에 지나지 않는가', '역사가는 객관적일 수 있나', '인식하지 못한 행복도 행복인가'. 이러니 아무나 대학에 간다는

40년 경제관료…시류 영합 않는 원칙주의자

금융 세제 등의 분야에서 40년간 일해온 정통 경제관료다. '시장경제'에 대한 소신과 철학이 분명하다. 노무현 정부 금융감독위원장 시절 '금산분리 완화' 주장을 펼치는 등 소신 발언으로 유명했다. 공직사회에서 시류에 영합하지 않는 원칙주의자로 통한다. 별명이 '따거(큰 형님)'일 정도로 리더십도 있다.

2011년 기획재정부 장관을 끝으로 공직에서 은퇴한 이후 로펌 등의 '러브콜'을 마다하고 서울 여의도에 개인 연구소를 열어 연구에 몰두하고 있다. 최근에는 교육개혁에 시쳇말로 '꽂혀 있다'고 표현할 만큼 관심이 많다. 좀체 안 하던 외부 강연을 자청해 교육개혁을 부르짖고 있다. 황우여 부총리 겸 교육부 장관과는 서울대 법대 동기다.

△1946년 경남 마산 출생 △서울고, 서울대 법대 졸업 △행정고시 10회 △재무부 금융정책과장, 세제실 심의관, 금융정책실장 △세무대학장 △아시아개발은행ADB 이사 △금융감독위원장 겸 금융감독원장 △기획재정부 장관 △윤경제연구소 소장(현)

건 애초 꿈꿀 수도 없습니다. 변별력을 상실한 수능도 없애야 합니다.”

▷결국 학생 선발권을 대학에 온전히 주자는 말씀이군요.

"그렇습니다. 대학에 학생 선발권을 100% 줘야 합니다. 이런 얘기를 당국자들에게 하면 '자율권을 줬을 때 제대로 관리할 수 있는 대학이 몇 개 안 된다'고 반박합니다. 그렇다면 학생도 제대로 못 뽑는 대학은 문 닫도록 하면 되는 것 아닙니까. 사립대도 재정 지원을 중단하고 등록금을 자율화해 부족한 재원은 기여입학제로 채우도록 해야 합니다."

▷우리 교육 현실에서 받아들여질까요.

"다들 미쳤다고 할 겁니다. 이해 집단들로부터 어마어마한 저항이 있을 겁니다. 하지만 포퓰리즘에 휘둘려서는 안 됩니다. 언제까지 지금의 시스템을 가지고 갈 건가요. 담대한 도전과 기업가 정신은 창의와 경쟁에서 나옵니다. 그게 평준화 교육에서 어떻게 나오겠습니까. 경쟁은 피해 갈 수 없습니다. 백년대계인 교육이 지금처럼 간다고 생각하면 나라 앞날이 깜깜합니다. 참담해요. 정부가 책임 있게 결단해야 합니다. 이해관계가 없는 제3자로만 교육개혁위원회를 꾸려 교육제도를 송두리째 바꿔야 합니다. 이걸 못 하면 대한민국 미래는 없습니다."

"인기 연연않고 'NO' 라고 말 할
의원 나와야 나라가 산다"

백용호 전 청와대 정책실장(이화여대 정책과학대학원 교수)은 막힘이 없었다. 주장-근거-대안 순으로 논리 정연하게 정리된 답변은 질문당 2분을 넘지 않았다. 이화여대 연구실에서 진행한 인터뷰 내내 그는 한국 경제의 위기를 말하면서도 미소와 여유를 잃지 않았다. 백 전 실장은 "내 인생에서도 내리막이 있었지만 반성의 계기로 삼고 미래를 준비했다"며 "지금 한국 경제도 어렵다고 하지만 조바심 내지 말고 준비하면 재도약할 수 있다"고 말했다. 절망보다는 긍정의 힘이 필요한 시기라는 것이다.

백 전 실장은 한국경제신문이 창간 51주년 특별기획인 '대한민국 미래 리포트'에서 지적한 구조적 문제점들에 대해 조목조목 구체적 해법을 제시했다. 포퓰

국회만 가면 정책이 정치화돼 / 국민 불만에 '포퓰리즘 처방'

저출산 근본 해법은 지속 성장 / 한국은 '위기극복 DNA' 있다

리즘에 함몰됐다는 지적을 받는 국회에 대해선 "인기에 연연하지 않고 국민들을 향해 노^{No}라고 말할 수 있는 정치인이 나와야 정치가 산다"고 강조했다. 공무원들의 복지부동과 관련해선 "정권이 바뀌었다고 해서 정책이 뒤집히는 일이 없어야 관료들이 소신껏 일할 수 있다"고 지적했다.

저출산 문제에 대한 해법도 분명했다. 그는 "궁극적인 해결책은 지속적인 경제성장"이라며 "우리 사회에 만연한 반기업정서를 걷어내고 기업들이 맘껏 뛸 수 있도록 해야 한다"고 목소리를 높였다.

▷대한민국의 미래를 위해 가장 바꿔어야 할 집단으로 정치권이 꼽힙니다. 국회가 갈등을 조정하고 국민을 통합시키지는 못할 망정 갈등을 증폭시키고 국민분열을 조장한다는 지적도 많지요.

"정치인들이 국민의 상대적 박탈감, 양극화, 실업 등의 문제를 가장 손쉽게 해결하려는 게 포퓰리즘입니다. 하지만 깊은 고민 없이 나온 단기 처방은 장기적으로 국민에게 믿음을 주지 못합니다. 인기에 매달리지 않고 때로는 국민에게 '아닌 건 아니다'고 말할 수 있는 정치 지도자가 필요합니다."

▷우리 국민의 정치의식이 '노'라고 말하는 정치인을 받아들일 수 있을까요.

"국민의 정치의식이 문제는 아닙니다. 오히려 낙후된 정치시스템이 국민의 수준을 못 따라가고 있어요. 인기에 영합하지 않고 국가 미래비전을 명확히 제시하는 정치인이 있다면 국민은 옳은 판단을 내릴 것입니다."

▷낙후된 정치시스템은 어떤 것을 예로 들 수 있을까요.

"국정감사죠. 국정감사에선 정쟁이 아니라 정책에 집중하기를 원하는 게 국민의 정서 아닐까요. 국민의 의식과 요구에 동떨어진 '정책의 정치화'가 문제입니다. 예컨대 성장과 복지, 대기업과 중소기업은 상생·공존의 개념인데 국회에선 이념을 덧칠해 정쟁화하고 있지 않습니까. 국가의 이익, 국민의 이익을 고려해야 하는데 안타깝습니다."

▷해결책은 없을까요.

"결국 국민이 국회를 견제해야 합니다. 가능하다면 수준 이하의 국회의원에 대해선 임기 중에도 국민이 소환할 수 있는 제도를 도입할 필요가 있다고 생각합니다."

▷국회뿐만 아니라 공무원도 변해야 한다는 지적이 많은데요.

"한국 관료집단엔 훌륭한 인재가 많이 모여 있지요. 하지만 시대가 바뀌었습니다. '정부가 뭐든지 다 할 수 있다'는 생각부터 관료들이 버려야 해요. 이제 민간의 힘이 워낙 커지지 않았습니까. 국민들도 일만 터지면 정부에 대책을 내놓으라고 따지는 관행도 바꿔야 합니다. 정부의 역할은 이제 시장의 규칙을 만들고, 시장참가자들이 그 규칙을 잘 지키는지 감시하는 역할로 충분해요."

▷공무원은 '대통령 5년 단임제'의 리스크를 많이 지적합니다만.

"정권이 바뀌더라도 옳은 정책은 지속적으로 추진해야겠지요. 공무원은 자신들이 현재 추진하고 있는 정책이 차기 정권의 입맛에 맞을까 고민하는 경우가 많습니다. 정권이 바뀌면 되풀이되는 전前 정권 정책에 대한 감사원 감사, 해당 공무원에 대한 인사 불이익을 경험해봤기 때문이죠. 공무원들이 소신을 갖고 일할 수 있는 환경을 마련해주는 게 중요합니다."

▷정부 부처의 세종시 이전으로 정책 품질이 떨어지고 있는 것에 대한 대책은 없을까요.

"세종시는 이제 되돌릴 수 없는 상황 아닙니까. 그렇다면 이제 부작용을 최소화하는 방안을 고민해야지요. 무엇보다 국회가 세종시에 있는 공무원을 너무 자주 서울로 부르는 관행부터 고쳤으면 합니다. 공무원의 국회 출장만 줄여도 세종시 비효율의 상당부분이 해결될 겁니다."

▷관치 때문일까요. 한국의 금융 경쟁력이 우간다보다 낮다는 평가를 받는 건 왜일까요.

"그동안 정부가 제조업을 1순위 육성대상으로 삼고 금융은 제조업을 돕는 하부구조로 봤습니다. 금융회사 인사에 정부 입김이 들어가기도 했죠. 제조업은 글로벌 경쟁을 하면서 상당한 자생력을 키웠지만 금융업계는 경쟁의 무풍지대에 안주했던 것도 사실입니다. 이런 문제들이 복합적으로 작용한 결과겠지요. 금융산업 경쟁력을 높이려면 금융사들의 해외 진출을 촉진해 글로벌 경쟁에 노출시켜야 합니다."

▷한국의 주력 제조업도 어려움을 겪고 있습니다. 대안으로 서비스산업을 육성하자는 목소리도 큽니다.

"제조업이 힘들다고 지금까지 쌓아온 강점을 포기해선 안 됩니다. 서비스산업과 함께 발전시켜야겠지요. 예컨대 정보기술(IT)과 제조업의 융합, 문화 · 예술산업과 제조업의 시너지 창출을 적극 추진해야 합니다. IT와 문화산업은 한국이 역량이 있지 않습니까. 특히 문화산업이 해외에서 인기를 끌면 국가 이미지가 개선돼 제조업 수출에도 큰 도움이 됩니다."

▷의료산업도 유망 분야 아닐까요.

"물론입니다. 한국에서 가장 머리 좋은 학생들이 가는 분야가 어디입니까. 의과대학 아닙니까. 우수 인재가 몰려 있는 의료분야를 이제 '산업'으로 보고 국가의 미래를 책임질 수 있는 업종으로 키워야 합니다."

교수, 장·차관급 요직 거친 시장주의자

백용호 전 청와대 정책실장은 철저한 시장주의자다. 대학교수로 출발해 국회의원 후보, 이명박 정부의 공정거래위원장·국세청장·청와대 정책실장을 두루 거치면서 그가 일관되게 유지해온 철학은 시장주의였다.

화려한 경력의 그는 "내 인생에서 오르막만 있었던 것은 아니다"고 말했다. 중학교 졸업 후엔 학비가 없어 고등학교 진학을 포기할 뻔했다. 대학생 시절엔 아르바이트를 하느라 캠퍼스의 낭만과는 담을 쌓았다. 1996년 당시 신한국당 국회의원 후보로 서울 서대문을에 출마했다가 낙선해 5년 남짓 야인생활도 했다. 백 전 실장은 "인생에서 중요한 것은 어려운 순간에도 도전정신을 잃지 않는 것"이라며 "그런 도전정신과 긍정적 마인드로 한국도 구조적 위기를 이겨냈으면 한다"고 말했다.

△1956년 충남 보령 출생 △중앙대 경제학과 졸업 △뉴욕주립대 경제학 석·박사 △한나라당 여의도연구소 부소장△공정거래위원장 △국세청장 △청와대 정책실장 △대통령실 정책특별보좌관 △이화여대 정책과학대학원 교수(현재)

▷저출산·고령화도 심각한 문제인데요.

"저출산의 원인은 근본적으로 경제문제라고 봅니다. 청년 취업이 어려운 상황에서 결혼·육아·부양 비용부담이 커지니까 결혼을 안 하고, 아이를 낳지 않는 것 아닙니까. 저출산의 근본적 해결책은 결국 경제가 지속적으로 성장하게 만드는 겁니다."

▷경제 성장이 시급한데 국회에선 반기업정서에 기댄 기업규제법안만 양산하고 있습니다.

"대한민국의 발전을 저해하는 가장 큰 요인 중 하나가 반기업정서라고 생각합니다. '경제민주화'란 이름 아래 기업을 규제하고 있는 게 그런 것이죠. 각국이 '경제 전쟁'을 벌이는 시기에 기업 경영을 억제하는 퇴행적인 규제는 없어져야 합니다. 기업이 살아야 국가도 성장합니다. 물론 기업인도 사회적 책임을 다해야 반기업정서를 누그러뜨릴 수 있다는 걸 알아야 합니다."

▷한국 경제가 지금의 구조적 위기를 극복할 수 있을까요.

"물론입니다. 요즘 우리 국민이 너무 자신감을 잃은 것 같아 안타깝습니다. 대한민국은 지난 50여년간 세계 어느 나라도 이루지 못한 기적적인 경제성장을 이뤄냈습니다. 우리 국민은 위기를 극복할 수 있는 DNA를 갖고 있어요. 해외 석학들은 한국의 훌륭한 인적 자원을 부러워합니다. 포기하지 말고 도전해야 합니다. 제가 요즘 학생들에게 강조하는 것도 '꿈과 희망'입니다."

김도연 포스텍 총장

"공대생 롤모델은 기업가…
월급 주는 사람으로 키워야"

김도연 포스텍 총장(전 교육과학기술부 장관)은 최근 위기론이 급속히 확산되고 있는 건 "한국이 변곡점에 놓였기 때문"이라고 진단했다. 미래를 제대로 준비하기 위해선 현재 상황을 냉정하게 분석해야 한다는 점을 거듭 강조했다. 그래야 성장 정체에 빠진 우리 사회가 돌파구를 찾을 수 있다는 것이다. 과학 분야 역시 위기라고 진단했다. 기초과학 분야를 거론할 때는 "노벨상 수상자를 배출하기엔 저변이 취약하다"고 했고 공과대학을 얘기할 때는 "기업가 정신이 약해졌다"고 목소리를 높였다.

한계 돌파의 해법으로 교육개혁을 제시했다. 교육개혁을 통해 창의성, 도전정신을 되살려야 난관을 뚫고 나갈 수 있다는 것이다. 김 총장은 "요즘 공대에 들어

수능 '실수 덜하기 경쟁' 전락…창의성·도전정신 설 곳 없어

한국, 기초과학 저변 약해…노벨상은 즐겁게 일해야 나와

온 학생들도 꿈이 노벨상이라고 하는데 공대는 노벨상 받는 곳이 아니고 돈을 버는 곳"이라며 "월급을 많이 받는 직장에 들어가는 것보다 월급을 주는 기업가가 되는 게 더 소중한 가치라는 것을 가르쳐야 한다"고 말했다. 교육개혁에 앞서 사회 전반의 신뢰 기반을 구축해야 한다고 조언했다. 그는 "실수하지 않는 경쟁에 불과한 대학수학능력시험 성적 1점 차이는 쉽게 인정하면서도 전문가인 입학사정관의 평가는 불신하는 게 우리 사회의 문제"라며 "주관적 평가를 받아들이는 신뢰 기반을 구축해야 국가가 한 단계 도약할 수 있다"고 강조했다.

▷조선, 화학 등 주력 산업의 실적이 악화하면서 한국의 미래를 어둡게 보는 전망이 늘어나고 있습니다.

"우리 사회가 어떤 변곡점에 달한 것은 확실한 것 같습니다. 과거와 다르게 접근하지 않으면 탈출구를 찾는 게 쉽지 않습니다. 변화가 필요하다는 목소리는 큰 반면 구동력이 약한 것도 문제입니다. 총론에는 동의하면서 아무도 자신은 손해 보지 않으려 하니 갈등만 커지고 있습니다."

▷위기에서 벗어나기 위해 가장 먼저 풀어야 할 과제는 무엇입니까.

"교육이 가장 중요합니다. 지금까지 한국의 발전 전략은 선진국을 따라가는 것이었습니다. 여기서 벗어나 앞서 나가려면 창의성이 필요한데 그런 교육을 못 하고 있습니다. 교육을 바꾸려면 기성세대의 가치관부터 달라져야 합니다. 일류 대학을 나와야 행복하다는 것은 부모들의 미신迷信일 뿐입니다. 왜곡된 대입 제도도 기성세대의 집착이 빚어낸 결과입니다. 자식이 하고 싶은 일을 할 때 행복해진다는 점을 받아들여야 창의성, 도전정신 교육도 자리잡을 수 있습니다."

▷교육개혁을 위해 수능시험 폐지, 본고사 부활 등이 필요하다는 주장도 나옵니다.

"한 과학기술특성화대학이 입학사정관제 방식으로 과학고 학생을 뽑을 때 웃지 못할 일이 벌어졌습니다. 내신에서 10등 하던 학생은 붙고 5등 하던 학생이 떨어지자 부모가 총장실까지 찾아와 협박을 했다고 합니다. '실수하지 않는 경쟁'으로 전락한 수능시험 성적 1점 차이는 받아들이면서 입학사정관의 평가는 수용하지 않는 게 우리 사회의 신뢰 수준입니다. 자칫 대입 제도를 급격하게 바꾸면 갈등만 커지지 않을까요."

▷사회 각 부문에서 리더의 역할이 부족하다는 지적도 많습니다. 대학도 예외는 아닌 것 같습니다.

"신뢰가 부족해 나타난 폐해 가운데 하나가 단임短任입니다. 기업과 대학 모두 리더들이 먼 미래를 내다보고 일할 수 없는 여건입니다. 사람들은 리더십이 문제라고 하는데 리더십이 발휘되려면 리더를 따르는 자세가 중요합니다. 미국에는 총장 임기가 따로 없는 곳이 많습니다. 리더의 지시를 따르지 않으면 대가를 치러야 하는 만큼 자연스럽게 따라갈 수밖에 없습니다. 일본 도쿄대도 리더십을 강화하기 위해 총장 임기를 6년으로 늘렸습니다."

▷올해는 이웃나라인 일본, 중국이 노벨상 수상자를 연이어 배출하면서 한국 과학계를 우려하는 목소리가 커지고 있습니다.

"한국이 연구개발에 제대로 투자하기 시작한 것은 짧게 보면 10년, 길어야 20년에 불과합니다. 기초과학 저변이 약한데 어떤 특출난 사람이 나와 노벨상을 받으면 도리어 현실을 호도하는 등 착시효과가 생깁니다. 과학을 경제발전의 도구로 생각하는 시각도 고쳐야 합니다. 국내에서는 흔히 과학기술이라는 단어를 쓰는데 과학과 기술은 엄연히 다른 영역입니다. 기초과학은 언제 돈이 될지 알 수 없는 분야입니다. 노벨상은 죽어라 하고 열심히 해서 받는 상이 아니라 즐겁게 일해야 받을 수 있는 상입니다. 2차대전이 한창일 때 오키나와 등지의 태평양 전선에서 80일 동안 1만2000여명의 미군이 전사했습니다. 국가적인 슬픔이었는데 이를 한번에 해결한 게 기초과학(핵폭탄)입니다. 미국, 일본에서 기초과학을 꾸준히 성원하는 것은 역사를 통해 중요성을 체득했기 때문입니다."

▷정부가 연구비를 줄 때 논문 중심으로 평가하다 보니 유행을 좇는 단기 연구만 늘어난다는 지적이 많습니다.

"객관성을 중시하다 함정에 빠져버린 사례입니다. 보통 연구과제를 평가할 때 가장 높은 점수와 낮은 점수를 빼고 평균을 냅니다. 하지만 양 극단의 점수를 준 사람들이 더 정확하게 분석할 때가 많습니다. 이들이 토론을 벌여 결론을 내는 게 보다 옳은 방법일 겁니다. 서울대 교수 시절 국내 최초로 미국 공군으로부터 10만달러의 연구비를 받은 적이 있습니다. 공군에 도움이 될 것 같지 않은 연구였는데도 당시 평가자는 주관적으로 판단해 연구비를 줬습니다. 한국에서 이런 결정을 했다면 바로 특혜 논란이 불거질 겁니다. 주관적 평가를 존중하고 받아들여야 과학 분야도 선진화될 수 있습니다."

▷공대 교수들마저 논문 쓰는 데 집착해 산업 현장과 멀어지는 현상이 빚어지고 있습니다.

"공대에서 기업가 정신 교육이 많이 약해지며 생긴 현상이라고 봅니다. 노벨상 받는 게 꿈이라고 말하는 공대생도 많아졌습니다. 학생들에게 롤모델을 정확히 보여줘야 이를 바꿀 수 있습니다. 포스텍의 롤모델은 노벨상이 아니라 기업가입니다. 어디 가서 봉급 많이 받고 사는 것보다 월급 주는 사람이 되는 게 더 소중한 가치라는 것, 즉 기업가 정신을 제대로 가르쳐야 합니다."

▷학생들의 창업 도전을 늘리는 창조경제 정책의 실효성을 어떻게 평가합니까.

교수·총장·장관···연구 넘어 행정가 활약

연구현장에서 최고 연구자로, 정부·대학에서는 행정가로 활약한 과학계 원로다. 서울대 교수 시절 무기재료공학 분야에서 200여편 이상의 논문을 발표했다. 이명박 정부 시절 초대 교육과학기술부 장관(2007년)과 초대 국가과학기술위원회 위원장(2011년) 등을 지냈고 울산대 총장, 공학한림원 회장을 역임했다. 지난달부터는 포스텍 수장을 맡고 있다. 아랫사람들과 격의 없이 소통하는 등 포용력을 갖춘 게 요직을 두루 거친 배경으로 꼽힌다. 평소에는 차분한 성격이지만 필요할 땐 소신을 굽히지 않는 스타일이다. 2012년에는 정부 연구개발R&D 예산 확정을 앞두고 이명박 대통령과 독대해 약 3000억원의 예산을 늘리는 등 뚝심을 보이기도 했다.
정부 출연연구소의 효율성을 높이기 위해 주요 기관의 반대에도 불구하고 통합을 추진하기도 했다.

△1952년 부산 출생 △경기고, 서울대 재료공학과 졸업 △프랑스 블레즈파스칼대 재료공학 박사 △서울대 공과대학 교수 △서울대 공과대학장 △교육과학기술부 장관 △울산대 총장 △공학한림원 회장 △국가과학기술위원장 △포스텍 총장(현재)

"졸업 후 취업, 진학만 생각하던 학생들이 창업도 대안으로 고려하기 시작한 게 창조경제 정책의 성과입니다. 나이 들어 실패하면 비참해지는데 젊었을 때 이것저것 경험해보는 것은 긍정적 변화입니다. 포스텍 학생들은 주로 기숙사에서 생활하기 때문에 선후배 관계가 돈독합니다. 최근에는 동문 창업자가 협의체

Association of POSTECH Grown Companies를 구성해 후배들의 멘토 역할까지 맡고 있습니다. 창업 초기 시행착오를 줄일 수 있어 학생들의 반응도 좋습니다. 2014년에만 7개 벤처가 창업했습니다."

▷사회 전반의 신뢰를 높이는 게 결코 쉽지 않은 과제입니다.

"최근 만난 독일 드레스덴 공대 총장은 지난 50년 동안 한국이 이룬 경제와 과학기술 발전을 아주 높게 평가했습니다. 세계 어디에서도 찾아볼 수 없는 성과라고 했습니다. 지금 우리 사회가 겪고 있는 갈등과 신뢰 부족의 문제는 압축 성장 때문에 생긴 것입니다. 200~300년을 거쳐 선진국에 들어간 나라와 비교할 때 혼란이 큰 것은 어찌 보면 당연한 일입니다. 사회 전반에 긍정적인 생각을 확산시켜 신뢰를 키워나가는 게 중요합니다. 그동안 엄청난 기적을 이뤘는데 또 다른 일은 왜 못해내겠느냐는 자신감을 가질 필요가 있습니다."

고장난 대한민국, 개혁 없인 미래 없다
대한민국 희망 찾기

제1판 1쇄 인쇄 | 2015년 10월 28일
제1판 1쇄 발행 | 2015년 11월 3일

지은이 | 한국경제신문 편집국
펴낸이 | 고광철
펴낸곳 | 한국경제신문 한경BP
편집주간 | 전준석
기획 | 이지혜 · 백상아
홍보 | 이진화
마케팅 | 배한일 · 김규형 · 이수현
디자인 | 김홍신

주소 | 서울특별시 중구 청파로 463
기획출판팀 | 02-3604-553~6
영업마케팅팀 | 02-3604-595, 583 FAX | 02-3604-599
H | http://bp.hankyung.com   E | bp@hankyung.com
T | @hankbp   F | www.facebook.com/hankyungbp
등록 | 제 2-315(1967. 5. 15)

ISBN 978-89-475-4056-8   03320